L'IMPOT SUR LE CAPITAL

MÉMOIRE

A

MM. les Membres de la Commission du Budget

L'IMPOT SUR LE CAPITAL

MÉMOIRE

A

MM. les Membres de la Commission du Budget

PAR

MENIER, MANUFACTURIER

Député de Seine-et-Marne

MEMBRE DE LA COMMISSION DU BUDGET

PARIS

DUBUISSON ET Ce, IMPRIMEURS

5 — rue Coq-Héron — 5

1876

L'IMPOT SUR LE CAPITAL

MÉMOIRE

A MM. LES MEMBRES DE LA COMMISSION DU BUDGET

MESSIEURS,

Après avoir examiné le budget en détail, vous n'avez pas voulu présenter, pour le budget de 1877, de réformes d'ensemble; vous avez préféré retarder cette œuvre afin de la rendre plus complète : vous avez donc décidé d'élaborer un rapport théorique, comprenant un exposé général des réformes à réaliser, suivi de projets de loi les précisant ; chacun de nous doit contribuer à cette œuvre, notre devoir à tous est d'élaborer les éléments de ce travail, car notre responsabilité est gravement engagée. Il ne faut pas que les adversaires de la République puissent dire que la Commission du budget s'est contentée de voter un budget calqué sur le budget des monarchies précédentes.

C'est pour ces motifs, Messieurs, que je vous adresse le Mémoire suivant sur la Réforme de l'impôt. C'est une question que j'ai spécialement étudiée, depuis déjà de longues années, dont la solution est urgente, attendue par tous avec impatience. J'espère donc, Messieurs, que vous voudrez bien prendre en sérieuse considération la réforme fiscale que je vous propose.

I

L'Impôt et la Révolution

De la lecture des cahiers des États généraux de 1789 ressort le fait suivant :

La population voulait, aux impôts indirects, multiples, progressifs à rebours qui la frappaient, la substitution des impôts directs, aussi simples que possible.

L'Assemblée constituante s'empressa de ratifier ces vœux, quoique obligée de se débattre au milieu de toutes les difficultés financières entassées par la monarchie. Les gabelles rapportaient 54 millions à l'État : il est vrai qu'elles coûtaient 66 millions de frais de perception au pays. Le 13 mars 1790, l'Assemblée nationale les supprime, malgré l'opposition du plus ardent défenseur des anciens privilèges, Cazalès, qui prétendait que les impôts directs ne convenaient qu'à un peuple esclave, et les impôts indirects à un peuple libre. Cette opinion est bonne à citer, car elle a été reprise de nos jours par M. Thiers (1).

L'Assemblée constituante adopta une opinion absolument opposée, et le 22 mars, en une seule séance, elle votait l'abolition des droits sur la marque des cuirs et sur les amidons, et modifiait la perception des droits sur les huiles et les fers.

Le 6 août, l'Assemblée nationale, « considérant que le droit d'aubaine est contraire aux principes de fraternité qui doivent lier tous les hommes, quels que soient leur pays et leur gouvernement; que ce droit établi dans les temps barbares doit être proscrit chez un peuple qui a fondé sa constitution sur les droits de l'homme et du citoyen, et que la France libre doit ouvrir son sein à tous les peuples de la terre, en les invitant à jouir, sous un gouvernement libre,

(1) *De la propriété*, p. 407.

des droits sacrés et inaliénables de l'humanité, a décrété et décrète ce qui suit :

« Article premier. — Le droit d'aubaine et celui de détraction sont abolis pour toujours. »

Le 20 août, elle décrète la libre circulation des grains ; le 30 et 31 octobre, la suppression de toutes les douanes intérieures et l'établissement d'un tarif uniforme pour les droits d'entrée et de sortie ; le 19 février 1790, la suppression de tous les droits d'entrée des boissons dans les villes et villages ; puis des aides, des tailles, des droits sur les papiers et cartons, de toutes les fermes et régies, etc. Le monopole même du tabac est aboli, comme contraire au principe de la liberté du travail.

Comment remplacer ces impôts ? comment se procurer des ressources nouvelles, alors que la monarchie périt parce qu'elle a épuisé toutes les ressources du pays ? Si l'on avait agi alors, comme nous avons fait après la guerre, comme nous faisons encore maintenant, on aurait surchargé les anciennes contributions, on aurait augmenté les anciens impôts. L'Assemblée constituante ne fit pas de même.

M. de La Rochefoucauld, dans son rapport du 18 août 1790, proposa « l'établissement d'une contribution répartie par égalité proportionnelle sur toutes les propriétés foncières, et d'une contribution sur les facultés, qui aurait pour base la qualité du citoyen et le prix du loyer des maisons. » Cette contribution est insuffisante : cependant l'Assemblée se garde bien de s'écarter des principes qu'elle a proclamés.

Au contraire, dans un manifeste du 24 juin 1791, expliquant le système des réformes qu'elle a appliquées, elle rejette toutes les contributions indirectes. « Vos représentants, dit-il, sachant, par leur expérience et les instructions que vous leur avez données, que les visites domiciliaires et les vexations qu'elles entraînent sont insupportables à des hommes libres, se sont crus religieusement obligés de repousser toute idée, tout projet d'impositions dont la perception aurait exigé qu'on pût violer l'asile sacré que chaque citoyen a droit de trouver dans sa maison, lorsqu'il n'est prévenu d'aucun crime. »

Des impositions indirectes, l'Assemblée n'a conservé que

les droits d'enregistrement, de timbre et d'hypothèques. « Elles les a préférées aux autres contributions indirectes, et quoiqu'elles ne soient en proportion qu'avec la circulation des capitaux, au lieu de l'être avec les revenus, elle a cru pouvoir les admettre, dans le nouveau système de finances, à côté des contributions régulières, parce qu'elles n'exigent pas que le percepteur aille troubler la paix du citoyen. Dans des temps plus heureux, on pourra, si on le croit plus avantageux, réduire sucessivement le salaire du service public de l'enregistrement et des hypothèques au simple remboursement de leurs frais. »

Ces citations suffisent pour définir nettement l'idéal que poursuivait la Révolution française : supprimer tous les impôts indirects et les remplacer par des impôts directs.

II

La Réaction et l'Impôt

La réaction de 1799, du Directoire, du Consulat et de l'Empire, s'acharna à détruire l'œuvre de la Révolution et à rétablir tous les impôts de l'ancien régime. A partir de ce moment nous assistons à un singulier phénomène.

Si on lit les exposés de motifs et les discussions, sinon de toutes les lois de finances qui se comptent par centaines, du moins des principales, des lois de finances organiques, on constate, en même temps que ce recul en deçà de la Révolution, l'embarras du législateur pour justifier les mesures qu'il propose. Pendant la Révolution, il parle ouvertement : il dit ce qu'il veut, ce qu'il fait; il expose les principes sur lesquels il s'appuie. Sous le Directoire, sous l'Empire, sous la Restauration, sous les divers gouvernements qui se sont succédé depuis, il n'a qu'une seule préoccupation : s'excuser, en disant que l'impôt proposé par lui, quoique mauvais, est encore moins mauvais que tous les autres impôts dont on pourrait frapper le pays, ou n'est pas plus mauvais que les impôts existants.

Le 1er frimaire an VII, Legrand fait un rapport sur la contribution des portes et fenêtres. Cet impôt avait été violemment attaqué; le citoyen Legrand le justifie en se bornant à dire qu'il ne lui paraît pas mauvais.

Crétet (1) justifie la célèbre loi sur l'enregistrement qui sert encore de base à notre législation actuelle, en disant que l'enregistrement, tel qu'il était organisé, ne produisait pas assez et qu'il fallait qu'il produisît davantage.

On crée les droits de greffe; on frappe les journaux du droit de timbre; on rétablit les péages; on rétablit la loterie; on rétablit le monopole du tabac; on rétablit les octrois; on rétablit l'impôt sur le sel. Que dit-on pour justifier ce retour à l'ancien régime fiscal? Toujours la même chose, que nous entendions répéter encore hier à l'Assemblée nationale, que nous entendrons répéter demain : « Les impôts actuels sont insuffisants. — Il n'y a pas de bons impôts. — Les contribuables s'en plaignent toujours. — Les législateurs sont embarrassés. — Il faut des ressources. » Tels sont les arguments employés depuis cette époque; ils ne varient pas.

C'est avec ces arguments que Crétet, l'orateur du gouvernement, justifie la création des Droits réunis (2) : « On fut toujours d'accord pour considérer les boissons comme fournissant une base abondante à raison de l'étendue, de la généralité de leur usage, et en ce qu'elles ne sont pas de première nécessité... Mais l'application du principe est fort difficile. On ne voit d'abord que le rétablissement d'une contribution abolie, des entraves pour la propriété et le commerce, et des frais de perception. » Qu'importe! Il n'en réclame pas moins l'adoption des Droits réunis. Il est vrai que la taxe sera très-légère; que la perception ne sera pas vexatoire! Mais à peine cette loi promulguée, d'autres vinrent la compléter en l'aggravant, si bien que les Bourbons espérèrent faire oublier leur alliance avec l'ennemi en criant à leur rentrée en France : « Plus de Droits réunis! »

(1) 21 frimaire an VII.

(2) 25 pluviôse an XII.

Et en effet, on abolit les Droits réunis : on les appela les Contributions indirectes, et on les organisa avec une nouvelle rigueur et une nouvelle énergie par la loi de 1816. Le directeur général des Contributions indirectes l'avouait lui-même dans l'exposé des motifs du projet de loi :

« L'administration n'a eu à résoudre que ce triste problème : retirer le plus possible des impôts, et atteindre, de tous côtés, la limite des charges que peut supporter le contribuable. Nous avons été condamnés à une cruelle fiscalité; et ce sont des *tributs*, non des impôts, que nous avons la douleur de proposer. »

Il ajoutait encore : « Lorsque dans les circonstances imprévues, on est obligé d'accroître tout à coup le revenu de l'Etat, une contribution indirecte ne peut point promettre un résultat prochain assuré...; de plus, la contribution indirecte peut diminuer la consommation, être vaincue par la fraude, ne pas trouver de soumission ; tout y est incertain et problématique, du moins quant à la quotité. »

Le ministère disait, pour excuser ces impôts, qu'ils étaient destinés à rembourser la contribution de guerre de 100 millions. Dans la séance du 25 mars 1816, M. de Villèle répondait : « Cet impot aura l'inconvénient de faire sortir l'argent de la poche du pauvre pour rembourser le riche qui a prêté. »

Le duc de Richelieu, pour défendre la loi, dit : « Le ministre avait proposé qu'on établit des taxes sur la consommation des produits de l'industrie. Il avait à cœur de préparer un système de contributions indirectes plus vaste... » Voilà un excellent argument, à coup sûr; en 1814, on promet l'abolition des droits réunis; en 1816, on vient dire au peuple : Réjouis-toi qu'on n'étende pas encore davantage les contributions indirectes, car c'était là le projet du ministère!

Tous les arguments employés pour justifier ou même expliquer les impôts créés depuis l'an VII sont analogues. Toujours la même banalité et les mêmes équivoques. Nulle part, dans les discussions, on ne voit poindre un principe; partout il n'y a que des lieux communs de gens dans l'embarras qui sentent bien qu'ils n'ont pas un bon argument à donner. Chacun s'en va, au hasard, en quête d'un impôt quelconque, pris sur un objet quelconque qui n'a pas encore été imposé.

Je me résume : la Révolution, quoique n'ayant qu'une notion incomplète du caractère de l'impôt, procédait du moins dans sa réforme fiscale avec méthode, et accomplissait un grand progrès en substituant à toutes les taxes indirectes des taxes directes. Le Directoire, le Consulat, l'Empire, la Restauration et tous les autres gouvernements postérieurs, au lieu de chercher à perfectionner l'œuvre de la Révolution, ont reculé en carrière des Cahiers des États généraux, des principes de 89 en matière fiscale, jusqu'aux procédés de l'ancien régime. Ils ont fait une fiscalité de pièces et de morceaux plus ou moins disparates, mal appropriée aux besoins du pays, le gênant dans chacune des manifestations de son activité.

Nous pouvons donc hautement affirmer, d'après ces faits, qu'en France, nous n'avons pas eu, depuis 1790, un système fiscal basé sur des principes, déterminé d'après un plan général. Les discussions qui ont eu lieu depuis la guerre reproduisent en termes identiques les arguments dont se servaient les législateurs du Directoire, de l'Empire et de la Restauration pour dénaturer l'œuvre de la Révolution et y substituer l'arbitraire. Nous flottons, au hasard, d'impôts en impôts, sans boussole pour nous guider.

C'est cette boussole dont nous devons nous mettre en possession, afin que la République de 1877 reprenne l'œuvre opérée par la Révolution de 1789.

Mais reprendre une œuvre, ce n'est pas la continuer servilement, c'est profiter, pour la perfectionner, de la science acquise, des faits nouveaux, de l'expérience.

III

Ce que nous devons faire

Je crois, Messieurs, qu'il est inutile que j'entre dans la critique des impôts indirects. Ils ne sont pas à améliorer, ils sont à supprimer. Toutes les tentatives que l'on a tenté de faire pour perfectionner le régime des vins, des alcools, des sucres, ont misérablement échoué. Cet échec, au moins, a eu une conséquence heureuse : c'est de prouver d'une manière irréfutable l'impossibilité de conserver tous ces impôts.

Il ne s'agit donc pas, si nous voulons reprendre l'œuvre de la Révolution de 1789, d'essayer de modifier l'œuvre de la réaction de l'an VIII. Ces modifications ne peuvent être que le résultat de mesures partielles, et ces mesures partielles, que je ne combats pas, ne doivent servir qu'à rendre plus supportables, jusqu'au jour de leur suppression définitive, tous ces droits vexatoires, empruntés au génie fiscal de la féodalité et de l'ancien régime.

Ne devant pas nous en occuper dans ce travail, il ne saurait être question ici que d'améliorer les impôts directs et de chercher à les réunir en un seul dans un temps plus ou moins long.

Quant à moi, je m'efforcerai ici d'établir :

1° Une définition scientifique de l'impôt.
2° Les règles auxquelles doit se conformer l'impôt.

Une fois cette étude faite, je m'efforcerai de déterminer quel est l'impôt que nous devons choisir.

IV

Des Définitions de l'Impôt

Je n'examinerai pas en détail les diverses définitions qui ont été données de l'impôt.

On peut cependant établir qu'il est passé par les diverses phases suivantes :

Dans l'ancienne civilisation, qui ne reposait que sur la notion de force et non sur la notion de travail, l'idéal de tout homme était de vivre aux dépens des autres hommes.

Cet idéal revêtait diverses formes, dont la plus expressive est la conquête.

Les populations vaincues étaient condamnées à satisfaire les besoins des vainqueurs : telle est l'origine de l'impôt. Ce n'est qu'un tribut.

L'impôt conserve cette forme jusqu'à la fin de la monarchie française ; et on peut en résumer la conception historique à l'aide de la définition suivante :

Dans le droit ancien, l'impôt représente l'exploitation de classes opprimées par des castes oppressives, de populations conquises par des peuples conquérants.

Dans le droit monarchique, l'impôt est l'exploitation du peuple par le roi.

En un mot, il y a antagonisme entre les intérêts de ceux qui payent et les intérêts de ceux qui perçoivent.

L'impôt est l'expression de cet antagonisme.

Ce caractère de l'impôt a acquis une telle force que la plupart des définitions des économistes en sont imprégnées.

Ils ont continué à considérer, d'un côté, l'homme, l'individu, le sujet, le contribuable ; de l'autre, le gouvernement, l'Etat chargé de gouverner, de régir l'individu ; et ils les ont placés en face l'un de l'autre, comme s'ils devaient avoir des intérêts opposés. Mais l'État reste toujours prépondérant. Il est le maître des citoyens, au lieu de n'être que le chargé d'affaires de la nation. C'est donc aux citoyens qu'il s'adresse impérativement. Ils sont ses « contribuables. » Ils doivent payer. Ils restent soumis à une sorte de capitation. Dans cette doctrine la vie est un péage. Ils doivent donner tant par tête pour avoir le droit de vivre dans le pays. C'est l'homme qui doit à l'État. On compte les têtes. Il faut que chacun paye. L'impôt est personnel au lieu d'être réel. L'homme paye, non la chose. Le citoyen reste serf de l'État.

Cette théorie, qui est celle de Montesquieu, de J.-B. Say, etc., a été résumée de la manière suivante par M. G. de Molinari : « Le but de l'impôt est d'atteindre tous les contribuables dans la satisfaction de leurs besoins. »

Ils ne se sont pas aperçus que cette définition aboutissait à la justification des impôts de consommation, qui ont pour but de croiser et d'entre-croiser les taxes de manière que celui qui aurait échappé à l'une soit arrêté par l'autre.

Dites : il ne faut pas que nul puisse échapper à l'impôt, c'est très-bien. Mais avouez cependant une chose, c'est que votre impôt, loin d'être un profit est une charge, s'il vous faut rendre par l'assistance publique, par l'hôpital, par la prison ce que vous avez prélevé sur le malheureux dont vous avez rendu la vie impossible.

Beaucoup d'autres définitions (1) de l'impôt, tout en lui donnant un sens plus large, et en essayant d'en indiquer l'emploi, maintiennent cependant la vieille idée d'antagonisme existant entre le contribuable et l'Etat.

Les physiocrates en avaient mieux entrevu le rôle.

Ils maintenaient l'antagonisme existant entre le gouvernement et la société, mais, dans leur définition, l'individu disparaissait ; de plus, ils essayaient d'indiquer quelle devait être la source de l'impôt.

Quesnay : « L'impôt est une partie du revenu détachée du produit net des biens-fonds d'une nation agricole (2). »

Le Trosne : « L'impôt est une portion des richesses

---

(1) *Théorie et application de l'impôt sur le capital.* LIV. I, CH. IV.

(2) *Maximes générales.*

annuellement renaissantes, destinée à la dépense publique et prise sur le produit net (1). »

Mercier de la Rivière : « Une portion prise dans les revenus annuels d'une nation à l'effet d'en former le revenu particulier du souverain pour le mettre en état de soutenir les charges annuelles de sa souveraineté (2). »

Les définitions d'Adam Smith et de Ricardo sont aussi des généralités.

D'après Adam Smith : « L'impôt est le revenu qui doit pourvoir aux dépenses publiqu[illegible] aux dépenses nécessaires du gouvernement. »

D'après Ricardo : « C'est cette portion du produit de la terre et de l'industrie d'un pays qu'on met à la disposition du gouvernement (3). »

D'après Rossi : « L'impôt est demandé essentiellement au revenu social, et il tire son origine du droit qu'a l'État de réclamer sa quote-part dans la distribution du produit net général, dans la distribution du revenu social (4). »

M. Courcelle-Seneuil donne aussi une définition analogue : « L'impôt est une part des revenus généraux prélevée par autorité pour l'entretien du gouvernement et de ses agents et quelquefois pour d'autres usages réputés utiles à la communauté (5). »

Ces dernières définitions sont incomplètes ; mais elles élargissent la question au lieu de la restreindre. Elles ont de plus un grand avantage, c'est qu'elles font de l'impôt une chose réelle au lieu d'en faire une charge personnelle.

Elles indiquent enfin quelle doit être la source de l'impôt. Elles ne laissent aucun doute à cet égard ; il doit être évidemment prélevé sur le revenu national.

Mais qu'est-ce que le revenu national ? C'est le total des revenus particuliers.

---

(1) *De l'ordre social.*

(2) *L'ordre naturel et essentiel des sociétés politiques*, ch. IV p. 173.

(3) *Principes de l'économie politique* (De l'impôt), ch. VIII.

(4) *Cours d'économie politique*, t. IV p. 5.

(5) *Traité d'économie politique*, t. I, p. 118.

Or, d'après Smith, les revenus particuliers se composent de trois éléments : les profits, la rente, les salaires.

Comment les atteindre ? En décomposant chaque revenu particulier.

Et alors nous constatons la contradiction suivante : les économistes qui, dans leurs définitions, ont en vue un impôt *réel*, aboutissent, en fait, à un impôt *personnel*.

Pour frapper le revenu général, il faut demander, en effet, à chacun quel est son revenu particulier : il faut se livrer à une inquisition, il faut compter les têtes. C'est encore l'homme qui est frappé.

Les économistes, dans leurs diverses définitions de l'impôt, ont donc tourné dans ce cercle vicieux : ils sont partis de l'exploitation de l'individu par l'État, et ils aboutissent, malgré tous leurs efforts, à l'exploitation de l'individu par l'État.

Que l'impôt soit consenti ou qu'il ne le soit pas, on en revient toujours à ce point : l'impôt est une charge imposée par l'État à chaque individu.

Cette définition est-elle conforme aux lois qui régissent la production et la répartition des richesses dans une nation ?

Ces lois n'exigent-elles pas une nouvelle définition de l'impôt ?

Telle est la question que je vais essayer de résoudre.

Lorsque la monarchie épuisée appela en 1789 la nation à se sauver elle-même, ses représentants comprirent plus ou moins vaguement une chose qui n'a été bien nettement précisée que par les publicistes de l'école de Bentham, entre autres par James Mill. C'est qu'il faut qu'il y ait identité d'intérêts entre le corps gouvernant et la communauté.

C'était cette idée qu'avait entrevue Mercier de la Rivière, et qu'il avait à tort voulu appliquer à la monarchie absolue. C'est cette idée que reproduit d'une manière incomplète cette formule dont on a tant abusé : « Le peuple est le souverain » ; c'est cette idée qu'on retrouve plus ou moins mal appliquée dans tout régime parlementaire. C'est cette idée enfin qui fait la base de toute république démocratique.

Je pars donc de là pour affirmer hautement que l'impôt ne saurait être le tribut payé par une classe à une autre, comme dans les pays aristocratiques ou dans les républiques de l'antiquité;

Que l'impôt ne saurait être la redevance imposée par un maître à une nation, comme dans les monarchies absolues;

Que l'impôt ne peut être un échange entre deux contractants, l'État et le peuple, puisque leurs intérêts doivent être identiques.

Qu'est-ce donc alors?

Mais pour résoudre cette question, il faut d'abord répondre à la question suivante : quelles sont les attributions de l'État, non point analysées par leurs petits côtés, mais telles qu'elles doivent être dans une grande nation en pleine possession d'elle-même?

L'État doit être chargé de gérer certains intérêts communs et indivis :

Il doit veiller à la sécurité extérieure : armée, marine, diplomatie.

Il doit veiller à la sécurité intérieure : administration, justice, police.

Il doit contribuer à augmenter la production du capital national : instruction, travaux publics, moyens de transport.

L'impôt n'est destiné qu'à une seule chose : subvenir aux dépenses nécessitées par les services publics.

Les intérêts de la nation et de ses gouvernants devant être identiques, un gouvernement se trouve placé à l'égard de la nation exactement dans la même situation qu'un industriel à l'égard de son usine.

Mais on me dit : — Et les hommes? et les citoyens? en faites-vous un troupeau?

Non; et c'est précisément parce que je n'en fais pas un troupeau que je ne les compte pas.

Quand il y avait des classes privilégiées, exemptées de l'impôt, alors l'État avait à faire la distinction entre la tête qui devait payer et celle qui ne devait pas payer. Mais, maintenant que ces priviléges, s'ils peuvent être désirés en secret, ne peuvent former la base d'aucune législation et ne peuvent s'affirmer en principe, le fisc n'a à considérer que la richesse nationale prise en bloc. Elle doit être indivise pour lui, comme l'est le capital d'un manufacturier. Peu importe qui en possède telle ou telle parcelle : l'État n'en connait pas les détenteurs, n'a pas à s'en inquiéter; cette fortune existe; elle forme un chiffre de X. C'est cette fortune qu'il s'agit de faire prospérer et de garantir. Voilà tout.

La question est donc posée pour l'État, à l'égard de la nation, comme pour moi, particulier, à l'égard de mon capital.

J'ai un capital; il faut que je le fasse fructifier. Quel est le meilleur mode d'administration pour obtenir de lui un maximum d'utilité avec un minimum d'effort, ce qui est le but de toute production ?

C'est par la solution de cette question que nous arriverons à établir d'une manière précise la définition de l'impôt, et, en conséquence, son assiette.

Une nation, au point de vue économique, est un être unique : elle possède une certaine étendue de territoire. Ce territoire a telles et telles utilités naturelles; ces utilités naturelles ont été développées par le travail ou appropriées par l'homme; *le capital de la nation est l'ensemble des utilités qu'elle possède* (1)

Il en est exactement de même pour un particulier : son capital est l'ensemble des utilités possédées par lui. Le capital national et le capital particulier sont régis par les

(1) Les raffinés de l'économie politique qui,au lieu d'observer les faits, préfèrent jouer sur les mots, ne se contentent pas d'une définition aussi simple; mais je parle en homme pratique et j'appelle :

Travail, l'appropriation des agents naturels aux besoins de l'homme;

Utilité, tout agent naturel approprié par l'homme.

Toute utilité est un capital.

Le capital d'un particulier est l'ensemble des utilités qu'il possède.

Le capital d'une nation est l'ensemble des utilités qu'elle possède.

mêmes lois économiques, comme l'ont constaté Adam Smith et J.-B. Say.

Rétablissons l'ancienne fiction monarchique : je suppose que je sois propriétaire de la nation ; mon capital particulier est le capital national.

Maintenant l'État n'est plus propriétaire de la nation ; la nation étant un groupe d'intérêts, forme un syndicat dont l'État est le gérant ; ce syndicat se compose de 86 unités, qui sont les départements de la France ; ces 86 unités représentent à leur tour 362 arrondissements ; ces 362 arrondissements représentent 2,500 cantons, qui représentent 35,859 communes.

Voilà la décomposition de ce syndicat ; mais que sont ces communes, ces cantons, ces arrondissements, ces départements ? Des groupements d'intérêts, des syndicats. Le maire ne devrait être qu'un syndic ; le préfet ne devrait être qu'un syndic ; le gouvernement ne doit être que le gérant du syndicat national.

Or, de même qu'il n'y a pas deux comptabilités, une comptabilité privée et une comptabilité publique, de même il n'y a pas une manière différente d'administrer une nation ou un syndicat de particuliers ; et pour pousser l'analogie jusqu'à ses dernières conséquences, j'ajoute : un syndicat de particuliers n'administre pas son capital d'une autre manière qu'un particulier.

Cette analogie admise, je suppose que j'aie un capital d'un million. Il s'agit pour moi de faire fructifier ce capital.

J'en emploie une partie à installer mon usine, à acheter un outillage, à faire certains travaux ; c'est la mise en valeur de mon capital.

Mais j'ai besoin de représentants à l'extérieur, d'agents d'affaires qui étendent mes relations ou en garantissent la sécurité ; j'ai besoin d'agents à l'intérieur pour régler l'organisation du travail et en surveiller l'exécution : — ce sont là les frais généraux que nécessite l'exploitation de mon capital.

Quelle différence y a-t-il entre les dépenses d'un État et celles d'un manufacturier ?

Est-ce que les services que doit rémunérer l'impôt pour une nation ne sont point identiques à ceux que doit rémunérer un manufacturier ?

Là, il y a un capital national exigeant une mise en valeur et des frais généraux d'exploitation.

Ici, il y a un capital individuel, exigeant une mise en valeur et des frais généraux d'exploitation.

Moi, particulier, je cherche à retirer de mon capital la plus grande utilité possible.

L'État doit chercher aussi à obtenir la plus grande utilité possible du capital national.

Cette analogie, poussée jusqu'à l'identité, nous donne la véritable définition de l'impôt :

L'impôt représente la mise en valeur et les frais généraux d'exploitation du capital national (1).

V

Les Règles constitutives de l'Impôt

Cette définition de l'impôt étant donnée, examinons maintenant les règles auxquelles il doit être soumis afin de gêner le moins possible la production individuelle.

Adam Smith a déterminé quatre règles. Selon moi, ces règles doivent être portées au nombre de neuf.

---

(1) Quand je dis que l'impôt « représente la mise en valeur du capital national » il est bien entendu que je ne parle que de la part de la mise en valeur attribuée à l'État, et que je suis loin de la théorie communiste d'après laquelle l'État, propriétaire du capital national, l'exploiterait à son profit. Dans la mise en valeur de l'ensemble des capitaux de la nation, il y a une part individuelle et une part collective. Dans ma définition de l'impôt, il ne peut être question que de cette part collective de la contribution syndicale.

Ce sont les suivantes :

1° L'impôt ne doit pas frapper l'homme, mais être prélevé sur la chose ;

2° L'impôt ne doit jamais frapper la circulation ;

3° L'impôt ne doit jamais entraver la liberté du travail ;

4° L'impôt doit être unique ;

5° L'assiette de l'impôt doit être fixe ;

6° L'impôt doit être prélevé sur le capital total de la nation ; chacun doit y contribuer au prorata de la portion de capital dont il est possesseur ;

7° L'impôt doit être défini et non arbitraire ;

8° L'impôt doit être levé à l'époque et de la manière qui conviennent le mieux au contribuable ;

9° Tout impôt doit être perçu le plus économiquement possible.

Maintenant je vais démontrer la nécessité de ces règles.

VI

PREMIÈRE RÈGLE. — *L'impôt ne doit pas frapper l'homme, mais être prélevé sur la chose.*

Le développement des sociétés a passé par les phases suivantes :

Dans les sociétés primitives, l'individu est absorbé dans le groupe de la famille, gouvernée par le père de famille d'après des règles déterminées par des traditions religieuses, propres à chaque famille. Il n'y a qu'un droit : le droit du père de famille.

Deuxième forme du droit collectif :

La cité antique héritant des droits et des traditions de la famille, l'individu continue à lui être entièrement subordonné. Le droit divin de la cité ou droit social s'est substitué au droit divin du père de famille.

Troisième forme du droit collectif :

Quand la cité est personnifiée dans un homme (*César*, *Imperator*, *Basileus*, *Roi*, etc.), on revient au pouvoir d'un seul : le droit divin du chef de l'État prend la place du droit collectif de la cité.

Puis à l'autorité se substitue l'idée de contrat, qui, née à Athènes, se développe dans les républiques marchandes du moyen âge, se manifeste dans les ouvrages protestants et catholiques du temps de la Ligue, entre dans les faits politiques à la suite de la révolution d'Angleterre et prend corps au XVIIIe siècle.

M. Summer-Maine constatait ce mouvement dans les termes suivants :

« Le mouvement des sociétés progressives, dit M. Maine, a été uniforme sous un rapport. Pendant toute sa durée, il a été remarquable par la dissolution graduelle de la dépendance de famille, qui a été remplacée peu à peu par les obligations individuelles. L'individu est constamment substitué à la famille comme l'unité sociale dont s'occupe le droit civil. . . . .

« Et il n'est pas difficile de voir quel est le lien qui remplace peu à peu les formes de réciprocité de droits et de devoirs qui ont leur origine dans la famille. C'est le contrat.

« Si donc nous employons le mot État, comme les meilleurs écrivains, dans le sens de ces conditions personnelles seulement, et ne l'appliquons pas aux conditions qui sont, de près ou de loin, le résultat d'une convention, nous pouvons dire que le mouvement des sociétés progressives a, jusqu'à présent, consisté à passer *de l'Etat au contrat* (1). »

Chacun de ces progrès se manifeste par une plus grande indépendance de l'homme. D'abord ce sont les personnes qui sont en commun ; puis la personne se dégage, l'individu recouvre son autonomie. Le contrat ne vise plus l'homme ; il ne vise, comme dans notre droit civil, que des intérêts ou des services déterminés.

L'histoire du contrat commercial rend ce progrès très-frappant :

---

(1) *L'Ancien droit*, p. 160.

Au fur et à mesure que la société se perfectionne, que l'industrie prend de l'extension, que les rapports commerciaux se développent, l'association industrielle sépare les intérêts des personnes.

A la société en commandite nominative succède la société en commandite par actions.

A la société à responsabilité illimitée succède la société à responsabilité limitée.

A la société en nom collectif, qui est une association de personnes et de capitaux, succède la société anonyme, qui porte le nom de la chose exploitée, du but qu'elle poursuit et dans laquelle il n'y a que des capitaux engagés, dont les possesseurs peuvent changer sans que le pacte social soit altéré.

D'après ces faits, nous pouvons donc encore conclure que :

Les associations de capitaux tendent à remplacer les associations des personnes en raison directe du développement de l'association commerciale.

Le développement de la société commerciale a donc pour conséquence une diminution des engagements personnels : donc, un développement de la liberté individuelle.

Une nation ne doit être qu'une grande société anonyme dans laquelle sont mis en commun seulement certains intérêts qu'on ne peut diviser: la sécurité extérieure et intérieure, par exemple, et certains services avantageux à toute la communauté.

Tout ce qui est personnel, tout ce qui est individuel doit être laissé en dehors de l'association.

Si le progrès politique, le progrès commercial, se reconnaît à ces caractères, le progrès fiscal doit suivre la même évolution.

L'impôt ne doit donc jamais être un droit régalien. Le fisc ne doit point frapper à la fois l'homme et ses intérêts. L'homme n'a pas à payer le rachat de son existence, un droit pour vivre dans telle ou telle communauté. Ces idées fiscales sont les idées inhérentes à la tribu, à la phratrie, à la gens, à l'état primitif, dans lequel l'homme, attaché au sol comme un végétal, soudé à sa fonction, lié à elle, n'ayant pas de personnalité distincte en dehors d'elle, devait à la communauté tout son travail et toutes ses forces.

Le long et dur frottement de l'humanité l'a détruite; l'homme s'en est dégagé. Il s'est mobilisé, il s'est diversifié; chacun aspire à vivre d'une vie propre.

Si l'impôt saisit l'homme, l'individu; s'il s'impose à lui en vertu d'une sorte de droit supérieur, exigeant qu'il paye parce qu'il vit, l'impôt représente la vieille tradition de la tribu et de l'état primitif, mais est en complète contradiction avec le droit public qui repose sur les principes de la Révolution.

Ce n'est pas l'homme, l'individu que doit saisir le fisc. Il n'a pas plus à s'en inquiéter que l'État ne doit avoir à s'inquiéter de ce qu'il pense et de ce qu'il fait. L'État n'a pas à regarder l'homme d'un œil jaloux, à le poursuivre et à le persécuter, sous prétexte qu'il faut que « chacun paye. »

Cela ne regarde pas l'État. En dehors de la personne humaine, il y a des intérêts, il y a des choses; ce sont ces choses, ce sont ces intérêts qui constituent la fortune d'une nation. Les individus en sont détenteurs, mais ils ne sont pas incorporés à la chose. Ils en sont complétement séparés, et leur personne doit être en dehors.

Deux commerçants font un contrat pour un échange de choses. Ce sont les *choses* qu'ils livrent; quant à leur personne, elle en est complétement distincte. L'intérêt n'est pas personnel, il ne porte que sur un objet matériel.

Si les progrès du contrat commercial peuvent être déterminés à l'aide du critérium que nous avons établi plus haut, il faut que le régime fiscal en bénéficie.

L'homme n'a pas à payer son péage dans la vie. Il n'a pas à payer le droit de vivre. Il n'a pas à payer comme homme. Il ne doit payer que pour la partie de la fortune nationale qu'il détient.

J.-J. Rousseau a dit : « Comme il est injuste et déraisonnable d'imposer les gens qui n'ont rien, les impositions *réelles* valent toujours mieux que les *personnelles* (1)... »

---

(1) *Gouvernement de Pologne*, ch. XI.

Dans son adresse au peuple, l'Assemblée nationale disait :

« La contribution foncière a pour un de ses principaux caractères d'être absolument indépendante des facultés du propriétaire qui la paye ; elle a sa base sur les propriétés ; on pourrait donc dire, avec justesse, que c'est la propriété qui seule est chargée de la contribution, et que le propriétaire n'est qu'un agent qui l'acquitte pour elle, avec une portion des fruits qu'elle donne. »

M. Teisserene de Bort, combattant l'impôt sur le revenu, disait aussi, en commentant les lois de la Révolution :

« Les personnes étant ainsi hors de cause, l'Etat n'a plus devant lui que les fonds productifs de toutes sortes : les terres, les maisons, les usines, etc. (1) »

« En matière d'impôt, dit M. H. Passy, il est un principe fondamental dont on ne saurait s'écarter impunément : c'est celui de la proportionnalité. L'impôt doit peser *sur les choses* et non sur les personnes, et toute combinaison qui se propose d'appeler les individus à concourir aux dépenses publiques, dans une mesure autre que celle dont ils jouissent dans le revenu général, ne peut produire que des résultats à la fois injustes et pernicieux. »

C'est donc un principe déjà dégagé, déjà admis, que l'impôt ne doit pas porter sur l'homme.

L'impôt ne doit pas connaitre l'homme. Seulement, il y a une fortune nationale à mettre en valeur. Il faut bien prendre une part de ce capital pour la développer, pour la protéger, pour l'administrer. Alors l'Etat demande cette part.

Cette fortune est détenue par des millions de personnes. C'est sans doute par l'intermédiaire de ces personnes que le fisc prendra cette part. Mais ces personnes ne doivent être que des instruments de perception. Elles doivent payer une part proportionnelle à la partie de la fortune publique qui est en leur possession. Elles ne payent pas parce qu'elles existent; elles payent parce qu'elles possèdent des *choses*.

En ce moment, dans l'industrie, le travail aux pièces tend à se substituer au travail à la journée.

(1) 22 décembre 1871.

C'est là encore un nouveau phénomène de ce progrès de la séparation de l'homme et de la chose.

Une société par actions dépense un chiffre X pour la mise en valeur et les frais généraux de son capital. Chaque action supporte une part proportionnelle à cette dépense. L'actionnaire est en dehors; il n'y contribue que comme possesseur de l'action.

Il en doit être de même pour l'impôt. C'est l'application à l'impôt de la loi du développement humain ; l'homme doit être de moins en moins solidaire de la chose.

Tout impôt qui absorbe la personnalité humaine, qui tarife l'homme, l'individu, qui vient lui demander compte de ce qu'il gagne, de ce qu'il fait, de ce qu'il possède, de la manière dont il travaille, est en contradiction avec la loi d'affranchissement de l'homme, et par conséquent rétrograde.

Pour qu'un impôt soit d'accord avec cette loi du progrès humain, il faut qu'il laisse complètement en dehors la personnalité humaine ; qu'il ne s'inquiète pas de ce que fait tel ou tel individu ; qu'il ne demande pas à chacun ce qu'il gagne, comment il le gagne; qu'il n'impose pas à ceux-ci et à ceux-là tel mode d'emploi de leurs facultés en leur interdisant tel autre.

De là résulte donc cette règle constitutive de l'impôt :

L'impôt doit être prélevé sur la chose, jamais sur l'homme.

VII

DEUXIÈME RÈGLE. — *L'impôt ne doit jamais arrêter la circulation.*

Je ne veux pas ici entrer dans de grands développements.

Tous les industriels, tous les commerçants, tous les hommes qui ont l'habitude des affaires me comprendront immédiatement lorsque je dirai :

Un outil (et par outil j'entends le sol de l'agriculteur, l'usine, la manufacture de l'industriel, etc.,) un outil n'a d'utilité, par conséquent de valeur, qu'à deux conditions :

1° Que les matières premières lui arrivent facilement;

2° Que les matières premières, transformées en produits, s'écoulent avec la même facilité. (1)

J'appelle cette *transformation de matières premières en produits la circulation.*

Que cherchent la mécanique, la chimie, toutes les applications de la science? Elles essayent de transformer le plus facilement possible, avec le moindre effort possible, dans le moindre temps possible, les matières premières en produits.

Que font les institutions de crédit, les banques? Elles essayent aussi de supprimer le temps afin de livrer le plus tôt possible des matières premières à des outils qui, sans le crédit, eussent été obligés d'attendre l'écoulement de leurs produits pour continuer leur fabrication.

Qu'est-ce que l'échange? C'est l'ensemble des opérations qui livrent les matières premières à l'outil et les produits de l'outil au consommateur. Quand l'échange est facile et rapide, chacun dit : « les affaires vont. »

Cette locution : « les affaires ne vont pas » signifie tout simplement qu'il y a arrêt dans la circulation.

Supposons que la circulation soit arrêtée; que deviendrait

---

(1) Voir *Théorie et application de l'impôt sur le capital,* liv. II, chap. 5, 6, 7.

la production? Le fer, le coton, le sucre, ne peuvent plus circuler; on cesse d'en fabriquer : les usines qui les produisent sont ruinées.

Je pousse ici la démonstration à ses dernières conséquences; mais qu'au lieu de supprimer complètement la circulation du fer, du coton, du sucre, vous vous contentiez de la grever, de l'entraver, vous diminuez par cela même les produits que le fabricant livre à la circulation, et vous l'empêchez de s'en procurer d'autres.

Pour ne pas allonger ce travail, je ne veux pas reproduire ici les démonstrations qui m'ont fait arriver à cette conclusion :

Tout arrêt dans la circulation frappe la production en raison géométrique.

Vous arrêtez les matières premières : vous arrêtez les produits; multipliez le premier arrêt par l'autre arrêt, et voyez les conséquences auxquelles vous aboutissez.

Les faits qui se manifestent lors des crises commerciales montrent quelle répercussion produit sur l'ensemble des affaires le moindre arrêt dans la circulation.

Qui ne connait l'inquiétude et le malaise que jette, dans toute l'industrie et le commerce, la moindre élévation du taux de l'escompte!

« Plus on observe les crises commerciales, dit M. Juglar, depuis que l'on possède des relevés officiels de la situation des banques en France, en Angleterre et aux Etats-Unis, c'est-à-dire depuis le commencement du siècle, plus on demeure convaincu que leur marche, leurs accidents deviennent de plus en plus solidaires, et que, dès qu'un embarras se fait sentir d'un côté ou de l'autre de l'Atlantique, il est rare qu'il ne réponde pas du côté opposé (1). »

Mais si une crise, qui n'est qu'un arrêt dans la circulation, produite par des causes que nous n'avons pas à étudier en ce moment, provoque une telle répercussion d'un bout à l'autre du monde, qu'est-ce donc, lorsque la crise se repro-

---

(1) *Les crises commerciales*, p. 13.

duit immédiatement, tout à côté de vous, chez vous-même, et lorsque cette crise n'est pas seulement momentanée, intermittente, mais perpétuelle, sans discontinuité, et tend chaque jour à s'aggraver?

Eh bien, c'est là le résultat auquel arrivent nos impôts. Ils provoquent une crise, non pas seulement périodique, mais une crise permanente.

D'un côté, les producteurs essayent par tous les moyens possibles d'augmenter la rapidité de la circulation : on construit des routes, des ponts, des canaux, des chemins de fer, des télégraphes : le génie humain se consume en inventions qui mettent toutes les forces naturelles à portée de la main de l'homme. Il invente le commerce : il arrive à triompher du temps à l'aide du crédit.

C'est alors que le fisc intervient et dit : — Vous avez compté sans moi. Je me mets en travers de cette circulation. Je lui impose mon veto. Je la frappe d'arrêts multiples, sous toutes les formes. J'ai un frein pour chaque rouage. Vous voulez produire : vous ne produirez qu'avec ma permission, après avoir subi les arrêts qu'il me plait de vous imposer. Le travailleur, l'industriel, le commerçant tirent d'un côté ; le fisc tire de l'autre. Dans cette lutte, la production s'arrête, et des deux côtés on s'épuise en efforts pour arriver à l'immobilité et à la ruine.

Un mécanicien chauffe sa machine à toute vapeur, et il serre les freins. — Cet homme est fou, dira-t-on ; il use sa machine, il use ses rouages, il dépense du charbon, et cela pour ne produire aucun effet utile, et au risque de tout briser.

Que fait le fisc, cependant, quand il frappe la circulation ? Il agit exactement comme ce mécanicien.

Ces quelques lignes suffiront, je l'espère, pour démontrer que *l'impôt ne doit jamais frapper la circulation.*

VIII

TROISIÈME RÈGLE. — *L'impôt ne doit jamais entraver la liberté du travail.*

Cette règle devrait avoir acquis la force du lieu commun, et elle est constamment violée, non-seulement dans la pratique de nos lois, mais dans tous les projets fiscaux de nos gouvernants et de nos législateurs.

Nous songeons beaucoup plus à empêcher qu'à développer ; nous aimons mieux dresser des barrières que d'ouvrir des voies nouvelles ; nous avons un esprit de résistance au progrès qui nous pousse tout d'abord à entraver l'activité individuelle. Toute action nous fait peur.

Sans doute, la liberté du travail a été proclamée dans la nuit du 4 août, elle fait partie de ces grands principes de 89 que personne ne conteste.

Mais, comme tous les autres principes de 89, celui-là est violé chaque jour dans la pratique, et par les lois elles-mêmes.

Pour que la liberté du travail fût assurée, il faudrait que jamais l'État, jamais la loi ne pussent intervenir dans la production des richesses pour en contrarier le développement ou pour en fausser la répartition.

C'est une vérité qu'on admet encore volontiers lorsqu'elle est présentée dans ces termes. C'est le principe. Bien. On l'accepte. Mais quand il s'agit d'arriver à l'application, on l'oublie, et, bien plus, on se fait un argument de cet oubli pour décider le législateur à l'oublier également.

Je constate ce fait sans le critiquer, car il représente simplement une conséquence forcée de notre système fiscal actuel.

Que disent les ministres, les députés dans quelque discussion sur un impôt nouveau. Ils se bornent à dire ceci : — Voici une industrie prospère. Elle est trop prospère. Nous allons l'imposer.

L'argument peut revêtir diverses formes, il reste toujours le même au fond : — Les boissons sont une matière très-imposable. Tout le monde boit plus ou moins. Augmentons les impôts des boissons.

Quelquefois, il y a un argument moral qui vient s'ajouter à cet argument : — Frappons l'alcool pour supprimer l'ivrognerie ; frappons le tabac, son usage constitue une mauvaise habitude.

Il est vrai que, quand on frappe le savon, on ne pourrait pas en dire autant. Mais alors on dit : — Il se vend beaucoup de savon. Il paraît que la propreté, faisant des progrès, développe beaucoup cette industrie. Il est temps d'y mettre bon ordre. Les fabricants deviendraient trop riches.

Nous avons entendu émettre très-sérieusement ces arguments, à propos des raffineurs de sucre : — Il est temps de mettre un terme à leurs bénéfices.

N'y a-t-il pas là une ingérence de l'État absolument violatrice de la liberté du travail ?

Une industrie est surtaxée ; une autre ne l'est pas. Y a-t-il égalité entre elles ?

Une industrie est soumise à une taxe dans l'intérieur d'une ville. La même industrie ne paye aucun droit en dehors de l'enceinte de la ville. Y a-t-il égalité entre deux usines consacrées à cette industrie, situées, l'une à l'intérieur et l'autre à l'extérieur de cette ville ?

Le droit de licence pour les brasseries varie selon les départements. Y a-t-il égalité ?

D'après l'article 10 de la loi du 1er mai 1822, la distillerie des eaux-de-vie et des esprits est défendue à Paris. Le principe de la liberté du travail est-il observé ?

Telle matière vient d'être surchargée de droits à la douane ; des fabriques, des manufactures, des usines s'étaient établies pour l'exploiter sur la foi des tarifs antérieurs. L'augmentation du tarif restreint la consommation. Les fabriques montées ne peuvent plus produire. Elles tombent. Les propriétaires sont déclarés en faillite. A qui la faute cependant ? N'est-ce pas le fisc qui est coupable d'une violation de la liberté du travail ?

Dans les dernières discussions relatives aux nouveaux

impôts, nous avons entendu opposer les uns aux autres l'agriculture, le commerce et l'industrie. On établissait entre ces trois branches de production un antagonisme factice. Un ministre, M. Magne, accusait le commerce et l'industrie de ne pas payer assez. Qu'est-ce que toutes ces récriminations prouvaient ? C'est que le fisc frappait arbitrairement des catégories de producteurs, tantôt surchargeant les uns, tantôt épargnant les autres, — au petit bonheur, — et par conséquent violait d'une manière constante, quoique inégale, la liberté du travail.

Comment produire avec de pareilles incertitudes ? Est-ce que la production n'exige pas avant tout de la sécurité ? Si on n'a pas la sécurité du lendemain ; si un impôt nouveau peut venir s'abattre sur l'industrie que l'on serait tenté de fonder, on garde ses capitaux, on les place tant bien que mal ; on préfère attendre plutôt que de tout risquer. Le temps se passe en incertitudes. La production s'arrête, l'exportation qui trouve des produits rivaux sur les marchés étrangers se restreint, et là où pourrait être la prospérité, il ne reste que le malaise.

Je ne crois pas que personne conteste le point suivant : les impôts actuels violent la liberté du travail ;

Et n'admette la règle suivante : *L'impôt ne doit jamais violer la liberté du travail.*

IX

QUATRIÈME RÈGLE. — *L'impôt doit être unique.*

Cette règle est un corollaire de la précédente.

Du moment qu'il y a des impôts multiples, certaines industries sont plus frappées les unes que les autres.

Tous les jours, les Chambres reçoivent de nombreuses plaintes de contribuables.

En quoi se résument-elles, en définitive ? — Déchargez-moi et grevez le voisin.

Cet antagonisme entre les intérêts, cette lutte entre les

diverses branches de la production se sont révélés d'une manière lamentable dans les longues discussions qui ont eu lieu, de 1871 à 1873, au sujet des nouveaux impôts. On a vu s'étaler à la tribune les théories les plus cyniques. L'agriculteur essayait de rejeter la charge sur l'industriel; l'industriel sur l'agriculteur; le commerçant sur les deux M. Magne fulminait un violent réquisitoire, qu'on n'a pas oublié, contre l'industrie et le commerce. Il déclarait qu'il était juste qu'ils payassent leur rançon, comme s'ils ne payaient rien.

« Je vous avoue, disait M. Tirard, que je suis profondément affligé de voir l'antagonisme qu'on cherche incessamment à établir entre les intérêts agricoles et les intérêts industriels ou commerciaux (1). »

Puis venaient des catégories d'industriels; les représentants du Midi défendaient les produits du Midi et demandaient qu'on frappât les produits du Nord. Il y avait des luttes de produits à produits. Nous avons vu naguère la lutte de la bière et du vin (2). Nous avons vu des luttes entre fabricants du même produit. N'avons-nous pas vu la guerre des sels de l'Est et des sels de l'Ouest? N'avons-nous pas enfin assisté à la grande bataille des fabricants de sucre et des raffineurs?

Rien n'est plus navrant que ces discussions. Chaque producteur se confine dans un camp et considère tous les autres producteurs comme des ennemis. Les intérêts se hérissent les uns contre les autres; les taxes sont jetées entre eux comme des chevaux de frise; les préjugés se fortifient, les inimitiés s'aggravent, et nous oublions que nous sommes citoyens d'un même pays pour ne penser qu'à nos rivalités.

On dirait, en vérité, que chacune des fonctions de l'activité humaine constitue une caste fermée, hostile aux autres, ayant des intérêts isolés.

Si on a supprimé les douanes intérieures de provinces à provinces, si on a supprimé les maîtrises et les jurandes,

(1) 2 février 1874.

(2) 1869. La bière était représentée par M. Brame, le vin par M. Pagézy.

on a maintenu les octrois et les taxes diverses selon les produits. Or, ces taxes inégales, qui favorisent les uns au détriment des autres, tendent à rétablir des barrières entre industries et industries, entre catégories de producteurs et catégories de producteurs, et à constituer des corporations privilégiées et des corporations opprimées.

Bien plus, le législateur ne le fait pas sans intention. Il n'arrive pas facilement à croire que l'intérêt individuel est un guide bien plus sûr, bien plus clairvoyant que lui. Il a forcément une tendance à y substituer sa volonté qui, souvent, n'est qu'un caprice qu'il serait incapable de justifier. Il arrive donc instinctivement à faire d'un instrument fiscal un instrument de direction industrielle, et il peut y arriver d'autant plus facilement qu'il a plus de taxes à sa disposition.

M. Thiers, logique dans ses idées protectionnistes, déclarait lui-même que l'impôt devait remplir cette mission ; mais il avouait ingénument le grand embarras dans lequel était placé le législateur : « Il reste à savoir, disait-il, si la production qu'on favorise est bien celle qui le mérite davantage. Il y a là des intérêts très-divers, très-compliqués, et le bien n'est pas précisément où il paraît au premier aspect (1). »

Cet aveu est la condamnation du système. L'acheteur et le vendeur, le producteur et le consommateur sont seuls compétents pour régler leurs propres intérêts. Ils les connaissent mieux que ne saurait faire l'Etat.

L'unité de l'impôt est donc la première garantie de la liberté du travail.

Dans les économistes, on trouverait des arguments contre tel ou tel impôt unique : on en chercherait en vain contre le principe de l'impôt unique.

Si nous ne trouvons pas dans les économistes d'argument contre l'unité de l'impôt, nous trouvons, au contraire, chez quelques-uns d'entre eux un *desideratum*, un vœu plus ou moins timide en sa faveur.

J.-B. Say dit que de l'impôt unique « résulterait une si

(1) *De la Propriété*, p. 400.

grande économie dans les frais de perception et tant de soulagement pour les classes indigentes qu'on arriverait vraisemblablement à une répartition beaucoup plus équitable que celle que nous voyons suivre maintenant. » M. Passy avoue que « l'impôt unique a un côté très-séduisant. »

Nul doute que les économistes n'eussent adopté depuis longtemps le principe de l'unité de l'impôt s'ils avaient eu une base solide pour l'asseoir.

Il y a encore une considération à faire valoir en faveur de l'unité de l'impôt : la nécessité d'établir d'une manière régulière les comptes de la nation.

La loi oblige toute maison de commerce à faire son inventaire au moins une fois par an. Les nations, qui ne sont que de vastes ateliers de production, ne font pas cet inventaire. On ne songe jamais à établir la balance des frais et des bénéfices. On frappe des impôts au hasard. On croit que les facultés des contribuables sont indéfinies, ou plutôt on ne s'en préoccupe que lorsque ceux-ci ne peuvent plus suffire aux besoins du fisc.

Or, il y a une chose bien certaine, c'est que la richesse d'un pays s'élève à un certain chiffre. Il est nécessaire de l'établir afin qu'on connaisse le rapport de ses frais généraux, c'est-à-dire le rapport de l'impôt avec sa production.

Comme chaque citoyen est détenteur d'une partie plus ou moins grande de la fortune publique, avec l'impôt unique, il saura la part pour laquelle sa fortune entre dans les frais généraux de la nation, tandis qu'en ce moment personne ne peut dire :

Le capital national est V ;

J'ai une part dans ce capital national, X ;

Les frais généraux se montent à Y ;

La part du capital que je possède y contribue dans une proportion Z.

Il serait cependant nécessaire qu'une nation ne fût pas plus mal administrée qu'une maison de commerce.

Il serait enfin nécessaire que l'assiette de l'impôt fût déterminée d'une manière fixe, et l'assiette de l'impôt ne peut être fixe qu'à la condition que l'impôt soit unique.

X

Les Règles indiscutées

Règle 5. — *L'assiette de l'impôt doit être fixe.*

Je crois que tout développement est inutile, c'est là une vérité admise par tout le monde.

Règle 6. — *L'impôt doit être prélevé sur le capital total de la nation, chacun doit y contribuer au prorata de la portion du capital dont il est possesseur.*

Cette règle est la conséquence de la définition que j'ai donnée de l'impôt ; mais, si l'on veut, je consens à la transformer en celle-ci : — *L'impôt doit être proportionnel aux ressources.*

Or, les impôts indirects en sont la violation flagrante. Ils représentent la progression à rebours.

Nous chercherons plus tard quel est l'impôt qui peut véritablement présenter le caractère de la proportionnalité.

Règle 7. — *L'impôt doit être défini et non arbitraire.*

Cette règle émise par Adam Smith est devenue classique.

Règle 8. — *L'impôt doit être levé à l'époque et de la manière qui conviennent le mieux au contribuable.*

Cette règle appartient encore à Adam Smith, et n'a jamais été contestée par personne, quoiqu'elle soit constamment violée dans notre système fiscal.

Règle 9. — *Tout impôt doit être perçu le plus économiquement possible.*

Cette règle appartient encore à Adam Smith, et personne ne s'est jamais avisé de la retourner pour dire : il faut que l'impôt soit perçu avec le plus de frais possible.

XI

Les Deux Systèmes

Ces règles établies, nous n'avons plus maintenant qu'une question à examiner.

Quel est l'impôt qui s'y adapte le mieux ?

Le terrain est déjà déblayé, on peut admettre aujourd'hui, comme des nécessités passagères, l'existence des impôts indirects.

Mais si le *Rapport théorique de la Commission du budget* doit tenir compte de la nécessité des transitions, il doit en même temps formuler avec précision le système définitif à adopter, celui qui, reposant sur des données scientifiques, répond le mieux aux principes du parti républicain.

Il en résulte que nous n'avons pas ici à critiquer les impôts existants. Le terrain est absolument restreint. Il n'y a que deux systèmes en présence :

Le système de l'impôt sur le revenu ;

Le système de l'impôt sur le capital.

Ce sont donc les seuls systèmes que j'examinerai.

Une fois les règles que j'ai posées admises, celui qui s'en rapprochera le plus, qui les violera le moins, devra être considéré comme le meilleur.

Je commence par examiner le système de l'impôt sur le revenu.

XII

Les Impôts sur les Revenus

Dans l'examen de l'impôt sur le revenu, je trouve d'abord une difficulté.

C'est que je ne connais pas un pays où soit appliqué l'impôt sur le revenu ;

Je ne connais pas davantage un projet de loi auquel on puisse appliquer cette dénomination.

Je sais qu'il y a dans certains pays des impôts divers sur des revenus divers ; je sais qu'en France, à différentes époques, on a proposé aussi des impôts divers sur des revenus divers, mais j'ai eu beau chercher, je n'ai découvert que dans des manifestes et dans des programmes l'impôt sur le revenu. Il n'a jamais existé, et je ne connais pas de projet de loi déterminant d'une manière rigoureuse les conditions d'un impôt unique sur le revenu. Dans mon œuvre critique, je suis donc obligé d'examiner non un impôt sur le revenu, mais des impôts sur les revenus. Or, si on admet la règle que « l'impôt doit être unique, » l'impôt sur le revenu doit donc être tout d'abord écarté, puisque jusqu'à présent son unité a uniquement consisté dans son titre.

Je démontrerai en outre qu'il ne saurait en être autrement.

Cela est évidemment fâcheux ; car, en vérité, quoi de plus simple que l'impôt sur le revenu ? Un tel a un revenu annuel de *tant;* il payera *tant* au prorata de ce revenu. Voilà la solution du problème. On arrive immédiatement à la proportionnalité.

Du moins, on le croit, car cette proportionnalité de l'impôt sur le revenu n'existe qu'en apparence.

Mais se pose tout d'abord une question préjudicielle : l'impôt sur le revenu est-il possible ?

S'il est possible, les législateurs fiscaux qui se sont succédé ont été bien maladroits. Il est évident que tous, depuis des siècles, ont poursuivi un but unique : atteindre le revenu des contribuables au prorata de sa valeur.

Pourquoi donc, au lieu de multiplier les taxes, n'ont-ils pas établi cet impôt unique sur le revenu, qui eût été bien plus simple ?

Mais admettons qu'on n'y ait pas pensé avant le XIXe siècle ; pourquoi, après avoir réfléchi à ce problème, tous les législateurs qui se sont donné pour programme la réalisation de l'impôt sur le revenu n'ont-ils jamais proposé que des impôts sur les revenus ?

C'est M. Goudchaux, qui, en France, a le premier proposé un impôt sur le revenu. Or, voici le titre de son projet de loi : *Présentation d'un projet de décret relatif à l'établissement d'un impôt sur le revenu mobilier.* (1).

(1) *Moniteur*, 1848, 2e semestre, p. 2126-2128.

L'exposé des motifs confirme le titre et prouve que M. Goudchaux ne visait que des revenus d'une certaine nature : les revenus mobiliers.

Il fait un réquisitoire contre « les priviléges dont les revenus mobiliers ont joui jusqu'à présent ». Lorsque la loi, continue-t-il, réservait exclusivement les droits politiques aux possesseurs du sol, on comprend qu'elle ait fait acheter ce privilége par une aggravation de charges sur la richesse immobilière.

Puis il introduit dans le projet de loi l'idée fausse que le régime fiscal doit favoriser et protéger telle ou telle production plutôt que telle autre ; régler et déterminer l'action des capitaux.

Il dit « que la France est un pays agricole ; qu'il faut favoriser l'agriculture ; que l'un des moyens à employer pour réaliser ce but, c'est de forcer à se reporter sur l'agriculture une partie des capitaux qui vont rechercher dans les opérations industrielles une immunité contre l'impôt. »

Dans la pensée de l'auteur du projet de loi, il s'agit donc uniquement de frapper une certaine catégorie de revenus, et non pas d'établir une taxe unique sur le revenu. Le chiffre de l'impôt qu'il réclame est de 60 millions. S'il se fût agi d'un essai réel d'impôt unique, il eût dit : — « Nous allons limiter à 60 millions cet essai ; mais nous décrétons un impôt unique sur le revenu de tous les citoyens, sans exception. »

Alors, dans ces conditions, il y eût eu essai d'un impôt unique. Mais en fut-il ainsi ?

Loin de là, il fait de l'impôt sur le revenu un impôt de répartition. Or, l'impôt sur le revenu ne peut être qu'un impôt de quotité : « un tel a tel revenu, il doit payer tant sur son revenu. » Il n'y a pas une autre manière d'établir un impôt unique sur le revenu.

On ne le pouvait pas, puisqu'on séparait les revenus mobiliers des revenus immobiliers.

Mais comment faire la répartition ?

Voici les paroles de l'auteur du projet de loi :

« Nous avons été amenés à reconnaitre que l'impôt personnel et mobilier et celui des portes et des fenêtres donnaient la mesure la plus approximative de la richesse mobilière. Chaque département aura donc un contingent proportionnel au principal des contributions personnelle et mobilière et des portes et fenêtres.

« Le contingent départemental sera réparti entre les arrondissements par le conseil général, et entre les communes par les conseils d'arrondissement, toujours d'après la même base, sauf toutefois les modifications que les conseils jugeront à propos d'y apporter.

« Les conseils recevront tous les renseignements nécessaires du directeur des contributions directes. »

Il est impossible d'être plus explicite. L'impôt sur les revenus mobiliers double tout simplement les contributions personnelle et mobilière et la contribution des portes et fenêtres. Ce n'est donc pas un impôt nouveau. C'est une augmentation, avec un autre nom d'impôts, sur les revenus déjà existants. L'étiquette est changée. Le fond reste le même. Cet impôt sur les revenus mobiliers n'a donc de nouveau que son titre.

Tous ces défauts furent constatés par la commission, qui changea cet impôt en impôt de quotité. La proposition ne vint pas en délibération.

Il est vrai que le 9 août 1849, M. Passy présenta un projet de loi sur l'impôt sur le revenu, s'appliquant à l'ensemble du revenu de chaque contribuable payant la contribution personnelle, au taux de 1 pour 100. M. Passy ayant été remplacé par M. Fould au ministère des finances, celui-ci remplaça ce projet par une augmentation des droits d'enregistrement et certaines réductions de dépenses. Il ne vint donc pas plus que l'autre en discussion.

Et il ne peut pas servir d'objet d'études et critiques, car j'imagine que si on présente un projet d'impôt sur le revenu, il sera plus précis que celui-là. M. Passy se bornait à en déterminer la perception de la manière suivante :

« Les contribuables auront à faire leur déclaration, s'ils le *jugent convenable*. En cas d'abstention de leur part, une commission spéciale fixera leur contingent (dans chaque commune), sauf à admettre toutes les réclamations qui paraitraient fondées, toutes les justifications présentées en bonne et due forme. Les préfets arrêteront ensuite les chiffres résultant des évaluations, et fixeront la somme à payer par les communes, à raison de 1 pour 100. La matrice sera ensuite communiquée aux répartiteurs communaux, qui auront la faculté de proposer des modifications en faveur de ceux des contribuables dont la position leur semblerait mériter des ménagements dans le contingent assigné à la commune. »

Cette manière d'appliquer l'impôt sur le revenu n'est pas exempte d'une certaine naïveté. On s'en remettra à la déclaration du contribuable, « s'il juge convenable » de faire une déclaration ; sinon on l'imposera. On répartira l'impôt entre les communes. Si un contribuable est trop chargé, on le dégrèvera ; mais le surplus de l'impôt n'en restera pas moins à la charge de la commune. Ce sera à elle de payer l'erreur commise. Il y a là quelque chose qui ne parait pas très-juste.

Telles sont les origines de la question de l'impôt sur le revenu en France.

Le titre de l'impôt proposé par M. Goudchaux était resté dans la tradition républicaine. Aussi après la guerre, lorsque nous nous sommes trouvés en présence du déficit à combler, M. Wolowski, opposé avec juste raison à l'augmentation des contributions indirectes, a proposé un impôt sur le revenu, contre lequel M. Thiers a refait avec une grande animation et une grande habileté l'article que M. Léon Faucher avait consacré, en 1849, aux projets de MM. Goudchaux et Passy (1).

Dans le projet de M. Wolowski, il ne s'agissait pas en réalité d'un impôt sur le revenu, mais d'un *impôt sur les revenus* puisqu'il divisait ceux-ci en cinq classes distinctes pour lesquelles il proposait des taxes différentes.

Cet impôt, du reste, n'était qu'une imitation de l'*income tax* anglais.

Le projet de M. Wolowski a eu le résultat de mettre celui-ci à la mode. Volontiers, à entendre certaines per-

(1) *Mélanges*, t. II.

sonnes, l'*income tax* anglais réaliserait l'idéal de l'impôt sur le revenu. Ce serait un impôt unique, dont la perception se ferait avec la plus grande facilité, et qui couvrirait à lui seul toutes les dépenses de l'Angleterre.

XIII

L'Income Tax

Malheureusement, ces trois affirmations constituent trois erreurs :

1° *L'income tax n'est pas un impôt unique.* Dans le projet de budget pour l'année financière 1876-1877, présenté par le Chancelier de l'Echiquier, il ne s'élève qu'à 102,500,000 francs sur un budget de 1,931,750,000 francs, soit la dix-neuvième partie tout au plus.

2° *L'income tax n'est pas destiné à devenir jamais un impôt unique;* car, dès maintenant, tel qu'il est établi, il ne représente qu'une série d'impôts inégaux entre eux et reposant sur des assiettes différentes. Sa part dans les ressources du budget n'a pas cessé de diminuer : elle était, en 1860, de 13.5 0/0, en 1865 de 11,1, en 1870 de 13.5. en 1875 de 5.7.

Etabli en 1798, suspendu en 1802, remis en vigueur en 1803, aboli en 1816, il ne fut jamais considéré que comme une mesure transitoire résultant des nécessités de la guerre (1).

Il fut rétabli par l'acte du 22 juin 1842, par sir Robert Peel. Mais pourquoi? Pour combler le déficit des administrations précédentes, à titre de mesure provisoire. Il ne devait durer que trois ans. On l'a prolongé depuis; mais cette prolongation ne saurait être un argument en sa faveur, pas plus que l'augmentation des contributions indirectes en 1871, 1872, 1873 et 1874 ne saurait prouver qu'elles sont excellentes. On prolonge les impôts existants, parce que les législateurs n'en aperçoivent pas de meilleurs ou n'osent pas en essayer de nouveaux. Ce sont là des actes de résignation et non des actes de foi.

(1) Voir la *Réforme économique*, 15 juin 1876, p. 616.

D'après l'acte du 22 juin 1842, rétablissant l'*income tax*, il est établi cinq catégories, ou schedules, de revenus imposables :

1° *Schedule A*. Toute terre, héritage, ou mieux tous immeubles par nature sont imposés au compte du propriétaire à raison de 7 pence par livre sterling du revenu net annuel, soit 2 fr. 90 0/0.

2° *Schedule B*. Les mêmes immeubles sont imposés en raison de la jouissance ou à titre de bénéfices de fermiers, à raison de 3 pence 1/2 par livre sterling (1.46 0/0) en Angleterre et de 2 pence 1/2 par livre sterling (1.04 0/0) en Ecosse.

3° *Schedule C*. Pensions, annuités, dividendes, ou plus exactement revenus sur les fonds publics imposés à 7 pence par livre sterling (2.90 0/0).

4° *Schedule D*. Tous profits industriels, commerciaux ou autres, de quelque nature qu'ils soient et quelle que soit leur provenance, tous salaires et appointements personnels, à titre de travail ou d'industrie privée, imposés également à 7 pence.

5° *Schedule E*. Tous appointements de fonctionnaires publics imposés à 7 pence.

D'ailleurs, les modifications apportées au taux de l'impôt ont été très-nombreuses. D'après l'acte de 1842, tous les revenus ne s'élevant pas à 3,750 fr. par an étaient exempts de l'impôt. Des actes passés en 1845, en 1848, en 1851 et 1852 continuèrent l'impôt dans les mêmes conditions. Par un acte passé en 1853 quelques modifications furent apportées à l'*income tax*.

Le Parlement décida alors que, pendant deux ans à partir du 5 avril 1853, le taux de l'impôt continuerait d'être de 7 pence par livre (2 fr. 90 0/0) dans les Schedules A. C. D et E. A partir du 5 avril 1855, et pendant deux ans, l'impôt devait être réduit à 6 pence par livre sterling (2.40 0/0). dans les mêmes Schedules et pendant une période de trois ans à partir du 5 avril 1857 à 5 pence par livre sterling (2 fr. 0/0). Les revenus taxés dans la Schedule B devaient subir une réduction proportionnée; enfin les revenus de

2,500 fr. à 3,750 fr. ne devaient être taxés, dès le principe, que sur le pied de 5 pence par livre. Survint la guerre de Crimée qui nécessita des modifications, et le 10 juin 1854, l'impôt fut porté à 1 shelling 2 pence par livre sterling (5.88 0/0). En 1855, il y eut une nouvelle augmentation de 2 pence par livre; l'impôt fut donc porté à 1 shelling 4 pence par livre (6.40 0/0). La guerre se termina au mois de mars 1856 et l'impôt fut réduit à 7 pence par livre (2 fr. 90 0/0). L'année suivante il remonta à 9 pence par livre (3 fr. 60 0/0). En 1860 il fut porté à 10 pence par livre (4 fr. 0/0) et resta à ce taux jusqu'en 1861, où il redescendit à 9 pence par livre (3 fr. 60 0/0). Les revenus de 2,500 fr. à 3,750 fr. n'étant imposés qu'au taux de 6 pence par livre (2.40 0/0).

En 1864, un changement assez considérable fut fait dans la perception de l'impôt sur le revenu; il n'y eut plus de réduction dans les taux de l'impôt sur les revenus compris entre 2,500 fr. et 5,000 fr., une diminution de 1,500 fr. qui ne devait pas être imposée. Cette disposition se perpétua jusqu'en 1872 et, pendant ce laps de temps, le taux de l'impôt fut respectivement, en 1864, 6 pence par livre (2 fr. 40 0/0); en 1865 et 1866, 4 pence par livre (1 fr. 60 0/0); en 1867, 5 pence par livre (2 fr. 0/0); en 1868, 6 pence (2 fr. 40 0/0); en 1869, 5 pence (2 fr. 0/0); en 1870, 4 pence (1 fr. 60 0/0); en 1871, 6 pence (2 fr. 40 0/0). En 1872, on porta à 2,000 fr. la réduction non imposable sur tous les revenus n'excédant pas 7,500 fr. par an. Depuis lors le taux de l'impôt a été en 1872, 4 pence par livre (1 fr. 60 0/0); en 1873, 3 pence par livre (1 fr. 20); en 1874 et 1875, 2 pence par livre (0 fr. 80 0/0). Le Chancelier de l'Echiquier, pour le budget de 1876-1877, a proposé d'augmenter d'un penny par livre le taux de l'*Income tax*, pour faire face à un déficit de 20 millions qui se trouve dans les taxes, mais il a proposé en même temps d'exonérer de l'impôt tous les revenus jusqu'à concurrence de 3,750 fr.

D'après les faits qui précèdent et que j'ai simplement reproduits, on voit donc que l'*income tax*, loin d'être un impôt sur le revenu, n'est qu'une série d'*impôts sur les revenus*.

On désigne, en un mot, sous ce titre, un système d'impôts analogue à celui de nos contributions directes; et qui est même, pour le budget anglais, une source moins abondante de recettes que ne le sont nos contributions directes pour le budget français.

Au lieu de frapper quatre revenus supposés, comme nos contributions directes, il en frappe cinq :

1° La *Schedule A* est analogue à notre impôt foncier;

2° La *Schedule B* frappe les bénéfices du fermier. Je ne verrais aucun avantage à l'ajouter à notre système d'impôts. Du reste, elle fait double emploi. Dans la plupart des baux, l'impôt foncier est déduit du prix de fermage. Le fermier loue un chiffre de X, plus les contributions. Mettre un impôt sur le fermier, ce serait aggraver les charges de celui-ci.

3° *Schedule C.* Elle frappe les pensions, les annuités, les dividendes ou plus exactement les fonds publics; mais l'Etat, dans ce cas, prend d'une main ce qu'il donne de l'autre. C'est là un artifice de comptabilité.

4° *Schedule D.* Tous profits industriels, commerciaux ou autres.

Cette Schedule est analogue à notre impôt des patentes ; quelques abus que puisse présenter l'assiette actuelle, parce qu'elle est basée sur un revenu présumé, elle présente moins d'inconvénients que l'impôt déterminé par cette Schedule. On a proposé de le transporter en France sous le titre d'impôt sur le chiffre des affaires, d'impôt sur les bénéfices commerciaux. On l'a toujours repoussé avec juste raison.

C'est un impôt inquisitorial qui trouverait, de la part des industriels et des commerçants français, une résistance qui en rendrait impossible une perception exacte. Les honnêtes gens seraient dupes de leur bonne foi ; ceux qui voudraient se créer un crédit reposant sur des bases imaginaires, paieraient beaucoup; ceux qui voudraient frauder y parviendraient. Ce qui se passe avec notre système de contributions indirectes prouve que ces conséquences sont rigoureusement exactes.

5° *Schedule E.* Tous appointements de fonctionnaires publics. C'est le même cas que pour la Schedule C. L'Etat reprend d'une main ce qu'il donne de l'autre. Au lieu de reprendre par l'impôt une partie des appointements des fonctionnaires publics, il est plus simple de les diminuer d'une part équivalente.

Ces points établis, quel avantage présenterait donc actuellement la substitution de l'*income tax* à nos contributions directes?

Je me le demande en vain. Il m'est impossible de trouver une réponse satisfaisante. Changer son cheval borgne pour un aveugle, sous prétexte que celui-ci est étranger, est une opération qui n'a jamais passé pour une excellente affaire.

Il nous reste maintenant à examiner la facilité de perception.

Elle est extrêmement simple en apparence : l'assiette de l'impôt a pour base la déclaration du contribuable.

Le contribuable dit qu'il a tant de revenus. On l'imposerait sur ce chiffre ; ce serait fort bien, si les contribuables étaient tous des modèles de véracité, et que cette formalité n'imposerait qu'une préoccupation : — la crainte de faire tort au fisc d'un penny.

Malheureusement, les contribuables anglais, pas plus que les contribuables français et les contribuables de tous les autres pays, n'ont cette préoccupation. Au contraire, la grande majorité ne se fait nul scrupule de faire des déclarations inexactes, considérant que tout ce qui est dérobé à l'impôt est autant de gagné.

La déclaration du contribuable n'est donc reçue, dans ces conditions, que sous bénéfice d'inventaire. On l'accepte, mais sans y croire et en se réservant le droit de la vérifier par tous les moyens directs ou indirects.

Chaque année les répartiteurs de l'impôt préviennent les contribuables par une affiche d'avoir à leur remettre une déclaration détaillée des profits de toute nature qu'ils ont pu faire pendant l'année écoulée, le 31 mars précédent. Cette déclaration doit être renvoyée aux répartiteurs dans un délai de 21 jours. En outre, les répartiteurs doivent faire tenir à domicile et individuellement la même invitation. La déclaration du commerçant ou manufacturier doit énoncer le montant, en moyenne, de ses profits pendant les 3 dernières années, ou depuis qu'il est engagé dans le commerce ou dans l'industrie, s'il y est depuis moins de 3 ans. La déclaration de toute personne qui exerce une profession, ou qui occupe un emploi, doit établir le montant de ses profits pendant l'année précédente. Quiconque perçoit l'intérêt de valeurs mobilières placées hors de la Grande-Bretagne doit déclarer ce qu'il a reçu, ou doit recevoir, pendant l'année courante, autant toutefois qu'il est possible d'en établir le compte. Quiconque reçoit le revenu de propriétés situées hors de la Grande-Bretagne doit déclarer ce qu'il a reçu, en moyenne, depuis 3 ans. En un mot, chacun est tenu de déclarer tout ce qu'il perçoit, de quelque source que puisse lui venir le revenu, pendant une année. En cas de doute, on peut référer le serment au contribuable, autre formalité également sujette à caution. Toute déclaration doit contenir l'affirmation positive que le déclarant agit en toute sincérité et qu'il a évalué de son mieux, en conscience, ses revenus, profits ou salaires, conformément aux règles établies par la loi.

Quiconque refuse, ou néglige volontairement, de faire une déclaration est passible d'une amende de 500 fr. et peut être, en outre, condamné à payer triple droit. Toutefois cette règle est peu appliquée dans la pratique, les répartiteurs se contentant ordinairement de remplir une déclaration, et imposant les réfractaires comme il leur convient. Les répartiteurs transmettent toutes les déclarations aux inspecteurs de district, avec les observations dont ils croient devoir les accompagner. L'Etat a donné aux répartiteurs un intérêt direct pour s'assurer, autant que possible, de la fortune de chaque individu, en leur allouant un tant pour cent sur les sommes qu'ils perçoivent. Il n'est donc pas rare que les répartiteurs transmettent aux inspecteurs de district, qui seuls ont le droit d'ordonner la confection des rôles, des observations tendant à surélever, souvent dans des proportions considérables, la déclaration du contribuable. Les inspecteurs acceptent ou n'acceptent pas ces surélévations. S'ils les acceptent, le rôle est confectionné d'après le chiffre indiqué par le répartiteur. Dans ce cas, le contribuable peut faire appel, dans un certain délai, de la décision prise contre lui, et il est renvoyé devant un jury composé de ses pairs.

Je doute que de pareils procédés de perception fussent considérés comme un grand progrès par les contribuables français.

Supposons qu'il s'agisse d'un commerçant : il faut qu'il présente ses livres à ses concurrents. Qu'en résulte-t-il? il maugrée contre le pouvoir arbitraire des répartiteurs et des inspecteurs : et il paye.

Il est vrai que, pour éviter de le placer en présence des inimitiés locales, le législateur a autorisé le contribuable à récuser le jury local et à en appeler à des commissaires siégeant à Londres. Mais s'il demeure à Liverpool, cet appel, évidemment, est rien moins que pratique. Il représente des frais et un préjudice qui peuvent dépasser de beaucoup l'excédant qu'on lui demande. Ce qu'il a donc de mieux à faire, c'est de se résigner ; mais cette résignation est évidemment fort désagréable.

C'est donc une grave erreur de croire que la perception de l'*income tax* se fait facilement en Angleterre et qu'elle ne présente pas d'abus. Les abus sont graves, au contraire : ou bien c'est le contribuable qui perd, ou bien c'est l'État ; dans les deux cas, l'impôt est défectueux.

Qu'on essaye de l'appliquer en France, et les inconvénients deviendront encore plus grands. Il y aura, du haut en bas, répercussion de vexations ou de tolérances également abusives. Ce ne sont point de semblables réformes qui pourront être utiles à la République, car, loin de constituer un progrès, elles doivent être considérées comme ouvrant une nouvelle porte à l'arbitraire.

Nous souffrons assez du régime inquisitorial de nos contributions indirectes pour que nous ne le transportions pas dans nos contributions directes.

Dans les projets qui nous seront présentés sous le nom d'impôt sur le revenu, il ne saurait donc être question d'imitation de l'*income tax* anglais :

Car l'*income tax* n'est pas un impôt unique ;

Car l'*income tax* est non un impôt sur le revenu, mais une *série d'impôts à taux inégal sur les revenus ;*

Car l'assiette en est arbitraire et la perception en présente les plus grandes difficultés.

Car de deux choses l'une, ou l'*income tax* serait établi à la place de nos contributions directes : et il ne vaut pas mieux,—au contraire—et ce sont les contributions indirectes qu'il importe de supprimer ; ou bien il serait destiné à remplacer certaines contributions indirectes ; alors, l'*income tax* ne pourrait être établi que comme un complément des contributions directes actuelles ; il représenterait *de nouveaux centimes additionnels.* Voilà tout.

XIV

Définition du Revenu

Je me demande en quoi peut bien consister l'impôt sur le revenu, dont on nous parle depuis si longtemps comme d'une panacée universelle.

Quant à moi, je ne puis me figurer un impôt unique sur le revenu.

En effet, pour qu'un impôt soit solide, il faut qu'il ait une assiette parfaitement déterminée et précisée. Il faut qu'on sache ce qu'il doit atteindre, ce qu'il doit épargner, comment il doit l'atteindre et l'épargner ; or, pour cela, il faut tout d'abord qu'on puisse donner une définition précise de l'objet qu'il frappe.

L'impôt doit frapper le revenu ; fort bien. Mais qu'est-ce que le revenu ?

Est-ce une chose unique, stable, facile à voir et à saisir ? N'est-ce pas une chose fugace, insaisissable, fluide, en quelque sorte ?

Smith, selon son habitude, n'en donne pas la définition.

J.-B. Say dit que « profits et revenus sont une seule et

même chose (1). » Et il ajoute quelques pages plus loin : « La somme des profits ou des portions des revenus que nous touchons dans le courant d'un mois, d'une année, forment notre revenu d'un mois, notre revenu annuel. »

Les autres économistes qui font autorité ne donnent même pas de définition du revenu.

« A bien prendre, dit Coquelin, le revenu n'a pas d'existence matérielle. C'est une abstraction ; c'est la faculté de consommer. Il n'y a donc pas de valeur particulière dont on puisse dire : ceci fait partie du revenu (2). »

Le revenu se compose, en un mot, de divers éléments étrangers les uns aux autres qui viennent aboutir à la même main.

Smith, dans sa distinction entre le revenu brut et le revenu net, fait de plus une confusion entre le revenu et le capital.

« Le revenu *brut* d'un domaine particulier, dit-il, comprend également tout ce que débourse le fermier.

« *Net*, est ce qui est franc et quitte de toutes charges au propriétaire, après la déduction des frais de régie, des réparations et tous les autres prélèvements nécessaires, ou bien ce qu'il peut, sans nuire à sa fortune, placer dans le fonds qu'il destine à servir immédiatement à sa consommation, c'est-à-dire dépenser pour sa table, son train, les ornements et l'ameublement de sa maison, ses jouissances et amusements personnels. Sa richesse réelle n'est pas en proportion de son revenu brut, mais bien de son revenu net (3). »

Soit ! mais qui peut faire cette distinction ? Le propriétaire du revenu et le propriétaire seul.

C'est là ce qui a arrêté les économistes. Ils ont compris plus ou moins vaguement que le *revenu était la somme d'utilités qu'un homme acquiert dans un laps de temps fixé par l'usage ;* dans une journée, pour l'ouvrier qui est payé chaque jour ; dans une semaine, pour celui qui est payé chaque semaine ; dans un mois, pour d'autres ; dans une

(1) *Cours d'Économie politique*, t. II, p. 5.

(2) *Dictionnaire d'Économie politique*, t. I, p. 277.

(3) Tome I, p. 316.

année, pour le propriétaire. — Je gagne 5 fr. par jour ; je gagne 500 fr. par mois ; j'ai 100,000 fr. de rente. Le commerçant qui fait son inventaire annuel dit : — J'ai gagné tant cette année. Son bénéfice net constitue son revenu.

Mais ces divers revenus sont-ils donc de même nature ? Le salaire de l'ouvrier est-il un revenu identique à la rente du propriétaire ? Les bénéfices du commerçant constituent-ils un revenu de même ordre que la rente du capitaliste ?

Le salaire de l'ouvrier ne se reproduit que par le travail de l'ouvrier. La rente du propriétaire résulte de la possession d'un immeuble, qui se retrouve toujours le même et survivra même à ce propriétaire.

Le profit du commerçant, soumis à toutes les chances de pertes et de gains, dû en grande partie à l'intelligence et à l'activité individuelles, n'a pas le même caractère de fixité et de certitude que la rente du capitaliste qui a placé son argent sur de bonnes hypothèques.

En outre, où finit le revenu ? où commence le capital ?

Voici un propriétaire qui touche ses fermages deux fois par an ; il ne consomme pas immédiatement tout cet argent ; il en place une partie en comptes courants ou achète des valeurs mobilières faciles à négocier : n'a-t-il donc qu'un revenu ? n'a-t-il pas, à ce moment, un nouveau capital ?

Au lieu de placer cet argent, il en met une partie à acheter du vin, qu'il conservera pendant plusieurs années. Ce vin est à coup sûr un capital.

Dans les années suivantes, il boira ce vin ; je suppose qu'il en boive pour deux mille francs par an : c'est là, à coup sûr, un revenu. L'impôt ira-t-il frapper ce revenu, produit cependant par un capital préexistant ?

Si le propriétaire avait placé son argent en valeurs mobilières ou foncières, il serait frappé par l'impôt sur le revenu ; pourquoi donc serait-il épargné s'il préfère le mettre en tonneaux ou en bouteilles ?

S'il achète du vin le 1er janvier 1873 et qu'il l'ait consommé le 31 décembre de la même année, ce vin fera-t-il partie de son revenu ? Mais si, au lieu de l'avoir consommé complétement le 31 décembre, il n'en avait consommé que la moitié, ce vin ferait-il encore partie de son revenu ? N'aurait-il pas fait partie de son capital ?

A quoi bon ces subtilités ? me dira-t-on. — Ce n'est pas moi qui les crée. Elles dérivent de la nature des choses, et est-il donc inutile de les constater quand il s'agit d'imposer le revenu sans frapper le capital ? est-il donc inutile de demander au législateur fiscal, s'il considère comme revenu la consommation d'un approvisionnement fait antérieurement ?

Si oui, alors quelle sera la limite de temps ? de quelle manière s'opéreront votre estimation, votre perception ?

Si non, alors vous revenez à ceci : vous frappez l'intégralité du revenu de l'ouvrier, du petit propriétaire qui n'a pas, par exemple, le moyen de se monter une cave ; vous épargnez, au contraire, celui qui a le moyen d'amasser un capital de vin et de le laisser vieillir dans sa cave.

Sismondi est le premier auteur qui ait fait une théorie complète des impôts sur le revenu ; mais il avait constaté cette difficulté de distinguer « le revenu du capital. »

Il ajoutait, il est vrai, que le législateur « devrait, en tous cas, frapper la richesse qu'il considérerait comme revenu. » Mais alors quelle certitude peut présenter l'assiette d'un impôt, quand le législateur n'a pas de moyen fixe, précis, invariable de la déterminer ?

Il ajoute que l'impôt ne doit jamais détruire que la partie de la richesse qui peut se consommer sans reproduction. Mais qu'est-ce que cette partie de la richesse qui peut se consommer sans reproduction et qui seule doit être imposable ? Sismondi avoue encore « qu'il est difficile d'établir ce que c'est proprement que le revenu imposable (1). »

Du reste, avec sa bonne foi de penseur sérieux, préoccupé plutôt de découvrir la vérité que de faire triompher son opinion, il dit encore :

« Il est essentiel de ne pas imposer la partie du produit brut qui est consommée, pour maintenir en même état les améliorations de la terre, ni celle qui remplace les capitaux fixes et circulants au moyen desquels tous les travaux sont

(1) *Nouveaux principes d'Économie politique*, t. II p. 150.

accomplis, ni celle qui fait vivre tous les hommes par lesquels ces travaux s'accomplissent. Mais comment les distinguer (1) ? »

Dès qu'il se trouve en présence de l'application de l'impôt sur le revenu, il montre la faiblesse de cet impôt, car son premier mot est celui-ci :

« L'impôt unique (sur le revenu), si même il était exécutable, rendrait beaucoup moins et causerait beaucoup plus de souffrance que les impôts divers, qui se proportionnent aux diverses natures de richesses (2). »

Et il ajoute :

« Pour frapper le revenu d'un impôt unique, il faudrait, ou prendre le revenu individuel à sa naissance, au moment où chaque citoyen le perçoit, ou bien le prendre à sa conversion en consommation, au moment où chaque individu le dépense. »

Mais Sismondi avoue immédiatement qu'on ne peut appliquer ni l'une ni l'autre de ces méthodes, et il en revient à dire qu'il n'y a qu'une seule manière de frapper le revenu : c'est de diversifier et de multiplier les taxes.

Il reconnait qu'il est difficile de taxer les revenus des capitaux circulants. On frappera « l'intérêt » de celui qui a fait l'avance du capital. Mais « la transmission des capitaux circulants, dit-il, est une transaction que l'autorité n'a presque aucun moyen de découvrir. »

Sismondi ne se borne pas à cette affirmation.

Il signale les fraudes et les mesures vexatoires auxquelles on serait forcé d'avoir recours dans la perception de cette partie de l'impôt sur le revenu.

Est-ce tout? Non.

« Le profit des capitaux est une richesse plus fugitive encore. » La même entreprise donne des profits qui changent d'année en année.

Et le salaire, comment le taxer?

Sismondi conclut :

« Ainsi l'on ne peut taxer directement que le revenu qui

(1) *Nouveaux principes d'Economie politique*, t.II, p. 159.
(2) *Ibid.*, t. II, p. 170

nait des terres, des maisons, des usines et des autres capitaux fixes ; tout autre revenu échappe à sa naissance à l'inspection du gouvernement, et c'est dans une autre période de sa durée seulement que le fisc peut espérer d'entrer en partage d'un bien qu'il ne protége en effet qu'à cette condition. Il en résulte que le gouvernement s'est vu forcé de multiplier les impôts, pour que chacun à part fût plus léger, pour qu'au défaut de l'un, un autre atteignît les diverses classes de personnes.

« Il a frappé, d'une part, les recettes par des taxes directes ; d'autre part, les dépenses par des taxes de consommation ; il a pris partout où il a trouvé quelque chose à prendre ; mais il lui est presque toujours impossible d'apprécier combien il demande à chaque classe, et, par conséquent, de maintenir l'égalité proportionnelle que la justice aurait exigée. Cependant les contribuables aiment mieux encore se soumettre à ce *grave inconvénient qu'à l'obligation de rendre de leurs revenus un compte que souvent ils n'ont jamais établi pour eux-mêmes* (1). »

Et Sismondi arrive à dire :

« Ainsi, malgré l'ardeur des financiers, leur activité constante, leur talent d'invention et la rapidité avec laquelle une découverte dans leur art, dans quelque pays qu'elle soit faite, se communique aussitôt à tous les États civilisés, il leur est demeuré impossible d'atteindre directement la plus grande partie des revenus, et c'est faute d'avoir pu le faire qu'ils ont essayé, du moins, de lever une contribution proportionnelle aux dépenses (2). »

Voilà donc la conclusion de Sismondi. Après être parti de ce point, que l'impôt unique sur le revenu est le seul juste, il aboutit à reconnaître qu'il ne peut exister ; et après avoir énuméré, avec une remarquable vigueur, tous les vices et tous les défauts des impôts existants actuels, que propose-t-il ? leur changement ? — Non ! leur maintien !

Oui, les impôts sur la consommation sont atroces, injustes, contiennent en germe tous les principes destructifs d'une

(1) *Nouveaux principes d'Economie politique*, t. II, p. 177.
(2) *Ibid.*, t. II, p. 201.

société, arrivent à « dispenser de presque tout impôt tous es riches et à ne faire peser les taxes que sur les pauvres (1) ! »

Oui, « l'établissement des taxes sur la consommation a couvert l'Europe de plusieurs armées de commis, d'inspecteurs, d'employés, qui, luttant sans cesse avec chaque citoyen sur ses intérêts pécuniaires, ont contribué à rendre l'autorité odieuse au peuple, et ont accoutumé les hommes à ruser avec la loi, à violer la vérité, à désobéir, à tromper(2). »

Oui, les impôts multiples se répercutent d'une manière inégale, et écrasent les uns en épargnant les autres.

Oui, il n'y a qu'un seul impôt juste : c'est l'impôt unique sur le revenu !

Mais, comme le revenu est une chose multiple et insaisissable, on ne peut l'atteindre que par la multiplicité des impôts et par le maintien des impôts les plus iniques : les impôts de consommation !

En un mot, l'impôt sur le revenu ne peut exister qu'en reproduisant tous les vices, tous les inconvénients des impôts qui existent actuellement.

Telle est la conclusion de ce grand esprit sincère, Sismondi : conclusion fatale qui est la plus formelle condamnation de l'impôt sur le revenu, prononcée par son plus illustre défenseur !

Cette conséquence forcée de l'impôt sur le revenu a été également constatée par M. Courcelle-Seneuil, qui, cependant, admet aussi en principe la théorie de l'impôt unique sur le revenu :

« L'impôt sur le revenu, dit-il, s'est toujours déguisé sous mille noms ; il a pris mille prétextes, et s'est appesanti, selon les temps, tantôt sur une classe de citoyens, tantôt sur une autre, tantôt plus et tantôt moins. (3) »

Cette vérité, que le législateur n'a frappé les consommations qu'afin d'atteindre les revenus qui échapperaient à tout contrôle et à toute vérification, a été encore constatée par J.-B. Say :

---

(1) *Nouveaux principes d'Economie politique*, t. I, p. 207.

(2) *Ibid.*, t. II, p. 210.

(3) *Dictionnaire de l'Economie politique*, t. II, p. 521.

« Ce sont toujours les capitaux ou les revenus qu'il s'agit d'atteindre (1). »

« C'est surtout, dit encore M. Vignes, par les contributions indirectes proprement dites que le législateur a eu en vue d'atteindre la partie de la richesse mobilière qui échappe à l'impôt direct (2). »

C'est là une conséquence fatale et qui arrive à la plus complète injustice.

Tout le monde constate que la contribution foncière actuelle, basée sur le revenu net, aboutit aux plus monstrueuses inégalités.

Que serait-ce donc s'il s'agissait d'atteindre directement tous les revenus mobiliers, si variables, si fugaces, si incertains, et revêtus de tant de formes diverses?

Je crois donc avoir déjà démontré :

1° Qu'un plan sérieux d'impôt unique sur le revenu n'a jamais été proposé en France;

2° Que l'*income tax* anglais, loin d'être un impôt unique sur le revenu, se compose d'une série d'impôts frappant inégalement cinq revenus divers;

3° Que la perception de ces impôts est arbitraire et difficile;

4° Que, même au point de vue théorique, l'impôt unique sur le revenu ne peut exister.

XV

L'Impôt sur le Revenu serait inique

Je vais plus loin, et je dis que l'impôt unique sur le revenu, pût-il être appliqué, n'aurait que l'apparence de la justice, et qu'en réalité, il serait inique.

Permettez-moi de renouveler ici des démonstrations que j'ai déjà faites à plusieurs reprises, et auxquelles on n'a jamais répondu.

(1) *Cours d'économie politique*, t. II, p. 298.
(2) *Traité des Impôts*, t. I, p. 99.

Une hypothèse :

Nous sommes trois propriétaires ayant chacun 100,000 fr.

L'un est un gros paresseux. Il ne veut point avoir de souci. Il choisit un bon placement, bien sûr, à 3 0/0 par an, qui lui laissera toute tranquillité. Si l'impôt est de 10 0/0, il payera donc 300 francs.

Un autre achète des terrains. Ces terrains ne lui rapportent pas un sou de revenu. Seulement, il attend une expropriation qui doit leur donner une valeur double. Il ne paye pas un sou à l'impôt.

Enfin, un troisième met ses 100,000 francs dans le commerce. Il se donne un mal du diable. Il court à droite et à gauche, au risque d'attraper des coups de tampon et des fluxions de poitrine. Il fait des consignations ; il risque son capital dans des opérations difficiles et aléatoires. Il parvient à obtenir de ses 100,000 fr. un bénéfice de 30,000 fr.

Alors, voici ce qui arrivera, dans le système de l'impôt sur le revenu :

Tandis que le premier ne paye que 300 fr.; tandis que le spéculateur sur les terrains ne paye rien, le troisième qui, à force d'activité, de travail, d'intelligence, a, en fécondant ses capitaux, rendu service à la production générale de son pays, a contribué à l'extension de son industrie ou de son commerce, doit au fisc la somme de 3,000 fr.

Est-ce juste?

M. Batbie, alors qu'il n'était que professeur, avait répondu : Non !

« La répartition, disait-il, ne serait-elle pas plus équitable, si, au lieu d'avoir pour base le revenu, elle était faite proportionnellement au capital ? Il y a des capitaux qui ne produisent pas de revenu et qui, cependant, ont une grande valeur. Celui qui, aux portes d'une ville, garde des terrains dépouillés de culture et sans rapport de location, a une fortune considérable ; cependant, si on ne l'impose que proportionnellement au revenu, il ne payera presque rien au Trésor. Il jouit de la protection sociale pour des valeurs importantes ; pourquoi ne payerait-il la prime d'assurance au gouvernement que sur le pied d'un petit propriétaire ? S'il trouve plus d'avantages à attendre une vente heureuse qui doublera sa fortune, est-ce une raison pour le dispenser de payer la contribution? Toutes les constitutions qui se sont succédé ont dit que chacun devait être imposé au prorata de sa fortune et non proportionnellement au revenu. Or, une personne peut avoir de *la fortune* sans avoir des revenus proportionnés à son capital et, à ne consulter que le texte des constitutions, il est certain que celui qui ayant un capital considérable ne paye l'impôt que sur un petit revenu n'est pas imposé proportionnellement à ses biens(1). »

« Il faut s'y résoudre, disait M. du Puynode, l'impôt du revenu, s'il existait, frapperait d'un seul coup l'ensemble des revenus de chaque contribuable, et cet ensemble, estimé très au hasard encore, il le frapperait toujours de semblable façon. Il ne tiendrait pas plus compte de la diversité des profits que de la différence des conditions sociales. Punissant le talent et l'activité dès qu'ils mèneraient au succès, il primerait la nonchalance et le vice dès qu'ils prépareraient la ruine. Le même poids pèserait sur les forces les plus inégales et les moins certaines; ce seraient toutes les iniquités de la dîme avec toutes les ignorances de la capitation. Voilà, cependant, la taxe qu'on a présentée et qu'on persiste à présenter comme très-juste et très-facile à constituer. C'est à mon sens la plus grande erreur des économistes français de l'avoir sans cesse défendue et réclamée (2). »

M. du Puynode a dit encore avec raison :

« Les tributs assis sur les revenus devraient varier avec toutes les circonstances qui les produisent. »

Or, est-ce possible?

Il y a une année de disette. Le blé valait 20 francs l'hectolitre l'année dernière; cette année il vaut 30 francs.

Est-ce que le revenu de l'agriculteur est égal? Non, à coup sûr.

S'il a une mauvaise récolte, il peut n'avoir pas de revenu.

S'il a, au contraire, une bonne récolte, son revenu est augmenté d'un tiers.

---

(1) Batbie. *Mélanges d'Economie politique*, p. 411.

(2) Du Puynode. *De la monnaie, du crédit et de l'impôt*, t. II, p. 246.

Dans les deux cas, sa taxe reste exactement la même. Elle n'est donc pas proportionnée à son revenu.

Et pour le commerçant ? si les cours varient ? s'il y a des chômages? s'il y a des crises? comment établir son revenu d'une manière régulière?

Moi, je suis ouvrier; je gagne 2,000 fr. par an. Je paye mon pain un tiers plus cher. Il est évident que mon revenu est diminué de ce tiers d'augmentation du prix du pain. Ma taxe est cependant au même taux. Est-elle donc encore, dans ce cas, proportionnée à mon revenu?

Non, à coup sûr. Pour qu'elle conservât la proportionnalité, il faudrait qu'elle fût dégrevée dans la proportion de l'augmentation du prix du blé, et que celle de l'agriculteur, qui a profité de cette hausse, fût augmentée en proportion.

— C'est impossible!

J'en conviens; donc la taxe n'est pas proportionnelle.

Autre cas : Je suis fermier, et quoique mon capital d'exploitation soit extrêmement faible, je me fais, à force de travail, un revenu égal à celui de mon propriétaire. Je payerai donc la même taxe. La situation est-elle égale cependant ?

Mon propriétaire est assuré de conserver toujours sa terre; chaque année, je me suis engagé à lui donner un revenu uniforme.

Moi, au contraire, je suis soumis à toutes les chances des mauvaises récoltes, des accidents météorologiques, des épizooties. Il faudrait que je pusse capitaliser mon revenu pour les diminuer : mais c'est alors que le fisc intervient pour me dire : — Paye le même prix que ton propriétaire.

Ce n'est pas tout : Comment évaluerez-vous l'importance relative des revenus ?

Je suis propriétaire en Basse-Bretagne, et j'ai 3,000 francs de rente; je suppose que vous me frappiez d'une taxe de 10 pour 100 de mon revenu, soit 300 fr. Il me reste encore 2,700 fr. pour vivre. Là-bas, la vie n'est pas chère. Je suis fort à l'aise.

Je suis, au contraire, employé à Paris. A force de travail, je parviens à gagner 3,000 fr. par an. Le fisc me demande également 300 fr. Mais la vie est chère; je ne puis vivre que mesquinement avec les 2,700 fr. qui me restent. Est-ce que la taxe est proportionnelle ? Est-ce que je ne paye pas plus, en réalité, que mon rentier bas-breton ?

Le fisc ne peut estimer mon revenu que d'une manière absolue : un franc de Basse-Bretagne vaut à ses yeux un franc de Paris. En est-il ainsi, cependant, en réalité? Non, à coup sûr. Si vous considérez le revenu de 3,000 fr. en Basse-Bretagne comme égal au revenu de 3,000 à Paris, vous commettez l'erreur de comparer des unités qui ne sont pas de même ordre.

Essayerez-vous de faire des catégories comme on en a fait pour les contributions des portes et fenêtres et des patentes ? Ce sera encore pis.

De plus, si on voulait tenter de rétablir la proportionnalité entre les divers revenus, à l'aide de catégories, voici à quel singulier résultat on aboutirait. Comme les revenus, dans les contrées pauvres, ont une valeur relativement plus considérable, on devrait les imposer plus lourdement que les revenus existant dans les contrées riches. Les revenus des propriétaires habitant les pays les plus pauvres seraient donc les plus chargés. On arriverait donc à faire payer le double et le triple le revenu du propriétaire bas-breton, et à placer dans la catégorie la moins imposée le revenu du Parisien. L'impôt sur le revenu croîtrait en raison de la misère du milieu.

Il y a une circonstance aggravante qui augmente la disproportion entre les revenus du propriétaire bas-breton et de l'employé à Paris.

Quand mon rentier bas-breton aura payé ses 300 fr. d'impôts et dépensé les 2,700 fr. qui lui restent, il n'aura qu'à dormir tranquillement. Il retrouvera l'année suivante ses 300 fr. d'impôts et ses 2,700 fr. de rente ; peut-être même y aura-t-il, en outre, une plus-value du capital, de la propriété qui lui aura procuré ces rentes.

L'employé, au contraire, qui a déjà de la peine à nouer les deux bouts avec ses 2,700 fr. de salaire à Paris, devra les regagner à grand'peine. Avec les 300 fr. qu'il donne au fisc, il aurait peut-être pu s'assurer, assurer sa fille, lui constituer un commencement de dot pour l'aider à se débrouiller dans la vie. Le fisc a saisi ce capital en formation, dû au travail, à l'activité de ce travailleur qui, en développant la richesse du pays, est utile à tous, tandis qu'il a épargné le capital formé du rentier, qui n'a d'autre utilité dans la société que de consommer son revenu.

Y a-t-il donc là égalité? Y a-t-il proportionnalité?

Mac Culloch établit : « qu'un revenu viager de 1,000 livres pour une personne âgée de quarante ans, et à laquelle il reste vingt-sept ans à vivre, d'après les tables de probabilité, ne représente pas une valeur plus considérable qu'un revenu perpétuel de 661 livres, et devrait, par conséquent, si le taux de l'impôt était à 10 pour 100, ne supporter qu'une taxe de 66 livres. »

Cette inégalité se représente sous mille formes. Un propriétaire vit sur sa terre, mange son blé, ses poules, son porc, toutes choses qui constituent un revenu, à coup sûr.

Comment apprécierez-vous ce revenu essentiellement variable? Irez-vous faire la capitation des poules? Ce propriétaire peut n'avoir pas un revenu en argent de 500 fr., et cependant vivre dans l'aisance, à l'aide de tous ces capitaux circulants qui composent un revenu en nature.

Un ouvrier, au contraire, gagne 1,500 fr. par an. Il est obligé de tout acheter. L'impôt le frappe au prorata de 1,500 francs et ne frapperait l'autre qu'au prorata de 500 fr. Cependant l'ouvrier est presque dans la misère, et le petit propriétaire presque dans l'aisance.

— Ah! mais, me dites-vous, on imposera le petit propriétaire d'après le système du cadastre actuel.

—Et si, à sa propriété foncière, il joint une rente mobilière? On imposera aussi sa rente.

Alors nous en revenons à la multiplicité des taxes : l'impôt unique sur le revenu disparait. Je suppose que l'impôt foncier soit considéré comme un impôt sur le revenu et continue à exister tel qu'il est actuellement; mais le petit rentier, au lieu d'une terre, a des actions sur une Compagnie de chemins de fer, je suppose. Ce petit propriétaire payera sa quote-part de l'impôt foncier de la Compagnie, puis il payera comme rentier. Sa fortune sera donc frappée deux fois. S'il avait un champ, au lieu d'avoir une valeur mobilière, il n'aurait été frappé qu'une fois. C'est le système inauguré par la loi du 29 juin 1872.

Le petit rentier, s'apercevant de cet inconvénient, au lieu d'acheter une action d'une Compagnie de chemin de fer, achète de la rente sur l'Etat, dont le revenu, par rapport aux autres valeurs mobilières, est augmenté de toute la différence de l'impôt.

Sera-t-il frappé ? Non, car si l'Etat frappait la rente, il arriverait tout simplement à augmenter le taux de ses emprunts.

Mais d'un autre côté, comment moi, propriétaire foncier, moi ouvrier, vous allez frapper mon salaire, mon revenu et épargner le rentier ! et pourquoi donc cette faveur ? Ne venez pas m'arguer de la grande considération du crédit de l'Etat ; je ne connais qu'une chose : c'est mon revenu qu'on frappe, j'ai le droit de réclamer, si le revenu de mon voisin n'est pas frappé. L'impôt sur le revenu n'est pas réel, il est personnel. Ce sont les têtes que l'on vise. Il faut que chacun paye. Là est la base de l'impôt sur le revenu.

De ces faits, il résulte donc encore : 1° que l'impôt unique sur le revenu, pût-il être établi, serait inique ;

2° Que, pour atténuer cette iniquité, on serait forcé d'en revenir aux impôts multiples divisés en plusieurs catégories ;

3° Que ce terme : « l'impôt unique sur le revenu » n'est qu'une formule banale et vague.

Enfin l'impôt sur le revenu a encore un autre inconvénient. Visant l'homme, non la chose, immédiatement il provoque l'idée de comparaison entre le revenu du moins riche et le revenu du plus riche. Nul impôt sous ce rapport n'est plus démoralisateur. C'est un impôt provocateur de rancunes et de haines sociales. Aussi, par une conséquence logique, partout où un impôt, ayant des points de contact plus ou moins grands avec l'impôt sur le revenu, a été appliqué, en Autriche, en Prusse, en Angleterre, il a été progressif. Quand on a proposé en France des impôts sur le revenu, on les a toujours enfermés entre un minimum et un maximum, auquel ils s'élevaient par une série de progressions. Tels ont été les projets de MM. Wolowski, Léonce de Lavergne, Langlois, Lefèvre et Bamberger.

Je sais bien qu'on parle d'une « sage progression, » d'une progression raisonnable. » Mais qu'est-ce que « la raison, » qu'est-ce que « la sagesse » d'une progression ?

Une progression est ou n'est pas, et du moment que ses termes sont posés, elle doit aller jusqu'à ses dernières conséquences.

Vous l'arrêtez au moment où elle deviendrait plus considérable que la fortune ; mais alors ceux-là qui dépassent cette limite y échappent, et tandis qu'une fortune moindre succombe, est dévorée par l'impôt, vous épargnez une fortune supérieure.

Je m'arrête dans ces critiques. Elles suffisent pour démontrer :

Que jamais l'impôt unique sur le revenu n'a été appliqué; qu'il est inapplicable ; que fût-il appliqué, il serait injuste :

Que l'*income tax* enfin, qu'on nous présente comme idéal, loin d'être une forme supérieure à nos quatre contributions directes, leur est inférieur sous beaucoup de rapports.

XVI

Le Capital fixe et le Capital circulant

Après l'impôt sur le revenu, il ne nous reste plus à examiner qu'un seul système d'impôt : l'impôt sur le capital.

Il s'agit de savoir s'il est plus conforme aux neuf règles déterminées plus haut, que l'impôt sur le revenu.

J'ai donné du capital la définition suivante :

Est utilité, tout agent naturel approprié par l'homme.

Toute utilité est un capital.

Le capital d'un particulier est l'ensemble des utilités qu'il possède.

Le capital d'une nation est l'ensemble des utilités qu'elle possède.

Certains économistes ont divisé l'ensemble des utilités désignées sous le nom de capital en deux classes : les capitaux fixes et les capitaux circulants.

Cette distinction, faite par Adam Smith, a été reproduite par J.-B Say, John Stuart Mill, Mac-Culloch. Mais cette distinction était fort arbitraire. Aucun ne détermine d'une manière précise les caractères qui pourraient faire distinguer à première vue les capitaux fixes des capitaux circulants.

La ligne de démarcation entre eux était si vague et si flottante que M. Courcelle-Seneuil pouvait dire : — « Cette distinction, contestable en théorie, est souvent difficile à reconnaître dans la pratique. (1) »

Cependant cette distinction existe. Les économistes qui la faisaient avaient raison.

Oui, il y a une distinction entre le capital fixe et le capital circulant ; et, en observant certains faits, nous allons arriver à l'établir d'une manière absolue ; nous allons substituer une définition précise, une règle fixe, aux définitions incertaines et aux règles flottantes que nous avons examinées jusqu'à présent.

Rappelons d'abord notre définition du capital. — *Le capital est l'ensemble des utilités.*

Mais, parmi ces utilités, il y en a qui ne font que passer en quelque sorte dans les mains de l'homme. Elles paraissent et disparaissent avec une telle rapidité, qu'il est impossible de les saisir. Elles ne se représentent jamais sous la même forme.

Tels sont les aliments, par exemple. Je mange. La nourriture que je prends est certes un capital, capital d'utilité et d'agrément, indispensable à la vie humaine. Ce capital disparaît au moment où je m'en sers, pour se transformer en sang, en matière cérébrale ou musculaire, indispensable à mon existence.

(1) *Manuel des affaires*, p. 38.

J'ai, au contraire, une machine, cette machine me sert depuis dix ans, vingt ans ; elle ne se consomme pas par cet usage. Je dois tenir compte évidemment de son usure; mais entre cette usure lente de ce capital-machine et la transformation immédiate du capital-nourriture, il y a une différence.

Le capital-nourriture ne peut servir qu'à la condition de perdre son identité, de se transformer ; le capital-machine ne peut servir qu'à la condition de remplir d'une manière constante les mêmes services, et, par conséquent, de conserver son identité.

Autre exemple : J'ai des appareils qu'on appelle broyeurs de cacao. Ces broyeurs me produisent de l'utilité parce qu'ils broient du cacao ; et ils ne broient du cacao que parce qu'ils restent broyeurs. S'ils n'étaient plus broyeurs, ils ne me produiraient plus cette utilité.

Mais le cacao ne me produit de l'utilité qu'à une condition : c'est de se transformer en chocolat, et une fois transformé en chocolat de se transformer en argent.

Immédiatement nous constatons donc cette différence :

Les broyeurs ne me produisent de l'utilité qu'à la condition de rester broyeurs.

Le cacao ne me produit de l'utilité qu'à la condition de ne pas rester dans son état primitif de cacao.

J'en conclus que le broyeur est un capital fixe et que le cacao est un capital circulant.

Et alors nous arrivons immédiatement à une définition précise du capital fixe et du capital circulant.

Le capital fixe est toute utilité dont le produit ne change pas l'identité.

Le capital circulant est toute utilité dont le produit détruit l'identité.

Ou autrement :

Le capital fixe produit de l'utilité sans se transformer.

Le capital circulant ne peut produire de l'utilité qu'en se transformant (1).

(1) Dans cette dernière forme que j'adopte, afin de faire bien comprendre ma pensée, les esprits subtils peuvent apercevoir une légère

Il nous sera facile maintenant de distinguer les utilités qui font partie du capital fixe, et celles qui font partie du capital circulant.

Le sol d'abord : — Le sol ne peut produire du blé, des récoltes, de l'herbe, des arbres, qu'à la condition de rester sol ; il conserve donc son identité ; donc le sol est un capital fixe.

Sur le sol, j'élève des constructions ; ces constructions sont des chaumières, des écuries, des manufactures ou des palais ; elles servent à m'abriter, à abriter mes animaux, à renfermer des ouvriers et des machines ; ce sont des édifices qui satisfont mes besoins, mes goûts artistiques, ou ma vanité. Ces constructions me produisent de l'utilité ou des jouissances, en conservant et parce qu'elles conservent leur identité ; les constructions font donc partie du capital fixe d'un pays.

J'ai des animaux pour labourer mes terres, pour traîner mes charrettes ou mes voitures ; ces animaux me produisent de l'utilité ou des jouissances, parce qu'ils conservent leur identité ; les animaux servant à l'exploitation font donc partie du capital fixe.

J'ai des machines qui servent à ma production : ces machines hydrauliques ou à vapeur, ces meules ne me produisent de l'utilité qu'en conservant leur identité ; elles font donc partie du capital fixe, comme tout autre outillage. Il en est de même des navires.

J'ai des ustensiles de ménage, des meubles, des objets d'art ; ces meubles me servent parce qu'ils sont meubles. Un buffet me produit de l'utilité parce qu'il reste buffet. Un piano me produit de l'agrément parce qu'il reste piano. Un tableau me produit des jouissances parce qu'il reste tableau. Les meubles et les objets d'art font donc partie du capital fixe.

Mais on m'arrête, et on me dit : — Vous êtes marchand

---

inconséquence. J'ai défini le capital : « l'ensemble des utilités. » On peut me dire : — Mais qu'est-ce qu'une utilité qui produit de l'utilité ? Je réponds : Toute utilité n'est utilité que parce qu'elle produit de l'utilité. Il y a donc pléonasme. Il n'y a pas contradiction.

de meubles ; comptez-vous les meubles parmi les capitaux fixes ou les capitaux circulants ?

Je suis marchand de meubles ; mais alors est-ce que le lit que je veux vendre me sert comme lit ? Est-ce que le buffet que je veux vendre me sert comme buffet ? Non, le lit ne me produit pas d'utilité comme lit, le buffet ne me produit pas d'utilité comme buffet : ils ne me produiront de l'utilité que le jour où je les convertirai en argent. Par conséquent, pour qu'ils me produisent de l'utilité, ils doivent perdre leur identité par rapport à moi. Ce ne sont pas des meubles pour moi, ce sont des marchandises destinées au commerce. Ils ne me rendent pas de services comme meubles, ils ne m'en rendent qu'à la condition de se transformer. Ils font donc partie du capital circulant.

J'ai pris l'exemple des meubles, parce que si j'avais commencé par un exemple plus simple on n'aurait pas manqué de venir m'opposer ensuite celui-là.

Mais que sont ces meubles ? Des produits fabriqués, des marchandises destinées au commerce. Tous les produits fabriqués, toutes les marchandises destinées au commerce, ne pouvant produire de l'utilité qu'à la condition de perdre leur identité, de se transformer en argent qui se transformera à son tour en utilités nouvelles, font donc partie du capital circulant.

De même nous avons rangé parmi les capitaux fixes, les animaux destinés à l'exploitation. Mais si je destine un bœuf à la boucherie, si je le mets à l'engrais, le bœuf ne me produira d'utilité qu'à la condition de se transformer en argent pour moi quand je l'aurai vendu au boucher. Il ne me produit donc d'utilité qu'en disparaissant, en se transformant en monnaie, en perdant son identité. Il ne produira d'utilité au boucher qu'en devenant viande de boucherie, en cessant d'être bœuf. Le bœuf à l'engrais fait donc partie du capital circulant. Il en fait partie comme toutes les matières premières qui ne peuvent produire d'utilité qu'en se transformant. Il en fait partie comme toutes les marchandises.

Et les monnaies ? Les monnaies sont un métal : font-elles partie du capital circulant ou du capital fixe ?

Non, la monnaie n'est pas un capital fixe; oui, la monnaie est un capital circulant.

Et elle est capital circulant au même titre que le capital-nourriture, par exemple.

J'ai de la monnaie; mais est-ce que cette monnaie, en tant que monnaie, me produit de l'utilité? Elle ne me produit de l'utilité qu'à la condition d'être changée en tel ou tel objet, qu'à la condition de se transformer, de perdre son identité.

Tandis que la machine n'engendre des produits qu'à la condition de rester machine toujours identique, la monnaie n'engendre de produits qu'à la condition de revêtir une autre forme. J'ai de la monnaie : je la convertis en aliments, en vêtements, en matériaux, en terre. Cette monnaie disparait au moment où je m'en sers, exactement comme la nourriture.

La monnaie, ne produisant donc d'utilité qu'à la condition de perdre son identité, fait partie du capital circulant.

Mais, me dit-on, et les actions? et les obligations? et les titres de rente sur l'Etat, sur les départements, sur les communes? Dans quelle catégorie de capitaux rangerez-vous ces valeurs mobilières?

A cela je réponds : — Ni dans l'une, ni dans l'autre, par cette excellente raison qu'elles ne sont pas des capitaux.

Les actions ne sont que des signes représentatifs de capitaux fixes qui, eux, produisent de l'utilité; ce sont simplement les fractions d'un titre de propriété. Elles portent intérêt, c'est vrai; mais elles ne produisent pas plus directement les intérêts, les profits, que les titres d'une propriété personnelle, enfermés dans un tiroir. Ce qui produit les intérêts et les profits, ce sont les capitaux dont elles constatent l'existence.

Elles peuvent paraître, aux yeux de ceux qui les possèdent, jouer le rôle de capital fixe. Ce n'est là qu'une illusion d'optique : c'est prendre une photographie pour la réalité. Si je suis seul propriétaire d'une maison, je sais fort bien que ce n'est pas mon titre de propriété, enfermé dans mon tiroir, qui me produit des revenus, mais que c'est la maison. Que nous soyons cinquante à posséder cette maison, les cinquante fractions du titre de propriété ne joueront pas un autre rôle que celui du titre entier. Elles ne produiront rien par elles-mêmes : elles ne seront jamais que de simples pièces servant à constater la propriété de tels et tels capitaux.

A plus forte raison en est-il de même pour les titres de rente sur l'Etat, sur les départements, sur les communes, pour les obligations de toutes sortes. Ces titres représentent pour leurs possesseurs une créance des capitaux fixes qui, chaque année, produisent la somme nécessaire pour en payer les intérêts. Un particulier peut les compter comme faisant partie de son capital fixe; ici, encore, il confond le signe avec la chose, le morceau de papier avec la réalité.

D'après les considérations qui précèdent, je divise donc les utilités qui composent le capital fixe et les utilités qui forment le capital circulant de la manière suivante :

CAPITAL FIXE

Sol ;
Mines ;
Constructions ;
Machines ;
Outillages ;
Navires ;
Voitures ;
Animaux servant à l'exploitation ;
Ustensiles de ménages ;
Meubles ;
Objets d'art.

CAPITAL CIRCULANT

Matières premières (1) ;
Marchandises destinées au commerce ;

(1) Les aliments sont des capitaux circulants par excellence ; mais ils se présentent toujours sous la forme soit de marchandises destinées au commerce, soit de matières premières. Je n'ai donc pas cru utile de faire une classe spéciale pour eux.

Monnaie.

Résumant ces définitions, je dis que tous les capitaux fixes sont des *outils*, outils de production ou outils de jouissance.

Les capitaux circulants sont les *matières premières* qui doivent servir d'aliments à l'outil et des *produits*.

XVII

L'Impôt sur le Capital

PROJET DE LOI

J'ai donné de l'impôt la définition suivante :

L'impôt représente la mise en valeur et les frais généraux d'exploitation du capital national.

Tant qu'on n'avait pas établi une distinction rigoureuse entre les capitaux fixes et les capitaux circulants, l'application de l'impôt sur le capital présentait de grandes difficultés. J'avoue que, quoique convaincu que j'avais raison, j'en étais encore aux tâtonnements ; mais le jour où j'ai pu trouver un critérium certain pour distinguer ces deux sortes de capitaux, le problème a été complètement résolu pour moi.

Dans mon système, l'impôt ne doit être prélevé que sur le *capital fixe*.

Je vais immédiatement le formuler en un projet de loi. Il sera ainsi plus facile, à moi, d'en montrer les avantages, et, à mes contradicteurs, d'en montrer les inconvénients.

Art. 1er. — L'impôt est unique et établi sur le capital fixe.

Art. 2. — Ces droits sont remplacés par une taxe au taux de X pour 1000 sur la valeur vénale des capitaux fixes possédés en France.

Art. 3. — Sont capitaux fixes toutes les utilités dont le produit ne détruit pas l'identité, c'est-à-dire le sol, les mines, les constructions, les machines, les outillages, les navires, les voitures, les animaux servant à l'exploitation, les ustensiles de ménage, les meubles, les objets d'art, lorsqu'ils ne seront pas à l'état de marchandises destinées au commerce.

Art. 4. — L'évaluation des capitaux fixes possédés sur le territoire de chaque commune sera faite par le contrôleur des contributions directes. Il sera assisté de deux délégués désignés par le conseil municipal. Dans les villes formant plusieurs cantons, le conseil municipal désignera deux délégués par canton. Ces commissions auront le droit de s'adjoindre des experts.

Art. 5. — Pour l'évaluation des objets mobiliers, quand leur propriétaire sera assuré, la police d'assurance servira de base d'appréciation.

Art. 6. — Pour les propriétés foncières, les contrôleurs des contributions directes emploieront le cadastre, tel qu'il est établi actuellement, en remplaçant l'évaluation du revenu par l'évaluation réelle de la valeur vénale, basée sur les actes de vente accomplis dans le pays au cours des quatre dernières années et sur tous autres documents analogues.

Art. 7. — L'impôt porte sur la totalité du capital sans tenir compte des charges et des dettes dont il peut être grevé.

Art. 8. — Les réclamations en décharge ou réductions seront remises aux maires; elles seront présentées, instruites et jugées dans les formes et délais prescrits pour les autres contributions directes (1).

Les rôles seront arrêtés par le préfet à la fin de l'année.

Art. 9. — Toutes les autres règles communes aux contributions directes sont applicables à l'impôt sur le capital.

Art. 10. — Les dépenses départementales et communales seront prélevées à l'aide de centimes additionnels.

Certes, ce projet de loi a au moins un avantage, celui d'être court et facile à comprendre. Il nous reste à examiner

---

(1) On pourrait, au-dessus d'une certaine somme, les soumettre au jury d'expropriation.

maintenant s'il est plus conforme aux règles constitutives de l'impôt que nous avons établies, que les impôts sur les revenus que nous avons examinés.

XVIII

L'Impôt sur le Capital ne frappe que les choses

PREMIÈRE RÈGLE, — *L'impôt ne doit jamais frapper l'homme, mais la chose.*

Nul impôt, autant que l'impôt sur le capital fixe, n'est aussi conforme à cette règle. Il ne s'occupe pas du possesseur, du détenteur du capital. Il ne voit que le capital imposable. C'est le capital qui est imposé, exactement comme dans les sociétés par actions, c'est l'action qui, au prorata de sa valeur, contribue aux charges de la société, sans que la société ait à s'inquiéter du possesseur de l'action. L'impôt sur le capital est donc une conséquence fiscale de cette loi historique d'après laquelle plus l'art de grouper les intérêts se perfectionne, plus les engagements qui les concernent sauvegardent l'indépendance des personnes.

XIX

L'Impôt sur le Capital n'entrave pas la circulation

DEUXIÈME RÈGLE. — *L'impôt ne doit jamais entraver la circulation.*

C'est là le grand avantage de l'impôt sur le capital, et c'est cet avantage qui me fait le défendre avec tant d'ardeur.

Au lieu d'appeler cet impôt l'impôt sur le capital, je pourrais l'appeler l'affranchissement de l'instrument de travail, la *liberté de l'outil.*

Aujourd'hui les impôts arrêtent les matières premières à la frontière, — le droit sur la houille de 1 fr. 20 suffit pour empêcher le bassin de Charleroi de se confondre avec le bassin français, — ils les arrêtent à la porte des villes où l'octroi les frappe ; ils les arrêtent par l'impôt de la petite vitesse ; ils les arrêtent par les droits sur la marine marchande ; ils les arrêtent, comme toute autre opération, par les droits de timbre qui interviennent dans toute transaction.

Les mêmes droits se retrouvent ensuite pour frapper les produits qui, souvent, sont des matières premières pour une autre industrie. Il en résulte que la circulation est ralentie, arrêtée, diminuée par des entraves multiples. Or, si, comme je l'ai démontré, tout arrêt dans la circulation frappe la production en raison géométrique, le possesseur de l'outil en tire donc une utilité deux, quatre, huit, seize fois moindre que si les matières premières lui arrivaient librement et si ses produits pouvaient s'écouler de même.

La liberté de l'instrument de travail, la liberté de l'outil : c'est le progrès de l'outillage ; car, plus il peut se procurer facilement des matières premières, plus il écoule facilement ses produits ; plus le possesseur de l'outil a intérêt à le faire produire, plus il cherche à le perfectionner.

Si, au contraire, l'outil n'a ni matières premières pour s'alimenter, ni débouchés pour ses produits, il devient inutile. Une machine qui ne sert à rien n'est que de la ferraille sans valeur.

La valeur des capitaux fixes est donc proportionnelle à l'abondance des capitaux circulants.

On ne tient pas compte de cette considération quand on étudie les questions d'impôts. Chaque industriel, chaque manufacturier, chaque agriculteur en tient cependant un grand compte dans ses affaires particulières.

Une usine qui ne peut pas produire est sans valeur ; l'usine qui utilise si complétement son outillage qu'elle est continuellement obligée de s'agrandir a, au contraire, une grande valeur.

Si les frais d'amortissement, au lieu de se répartir sur un chiffre de 2, par exemple, se répartissent sur un chiffre de 4, ils grèvent de moitié moins le produit.

Il en sera de même pour l'impôt sur la valeur des capitaux fixes. Si la liberté de la circulation double leur valeur, cette augmentation de valeur équivaut à un dégrèvement de moitié de l'impôt.

Généralisons maintenant cette observation. Supposons que la suppression de tout arrêt fiscal dans la circulation double la production, la valeur des capitaux fixes suit peut-être une progression un peu plus lente ; mais cette progression est constante : il en résulte qu'au bout d'un certain nombre d'années l'impôt restant au même chiffre, la valeur des capitaux étant doublée, si l'impôt avait été tout d'abord de 4 pour 1,000 fr. il ne serait plus que de 2 ; au bout d'une nouvelle période, il arriverait à 1, puis se réduirait à des chiffres infinitésimaux.

On me dit : — mais ce n'est là qu'une hypothèse !

Oui, mais une hypothèse basée sur ce fait, par exemple, que sous l'influence du traité de commerce de 1860, le total de notre commerce général qui était de 5,411 millions de francs en 1850 était 10 ans après de 8,002 millions ; que notre commerce spécial qui était, en 1859, de 3,007 millions, était, en 1860, de 6,228 millions.

Quel est le bienfait caractéristique du traité de commerce de 1860 ? D'avoir commencé à établir le libre échange entre la France et les pays étrangers, d'avoir facilité, en un mot, la liberté de la circulation.

Quel serait le caractère de l'impôt sur le capital fixe, substitué à tous les droits qui arrêtent la circulation ? Ce serait aussi d'augmenter la facilité de la circulation.

L'impôt sur le capital fixe, c'est le *libre échange à l'intérieur*.

Et il serait étrange que les partisans du libre échange international repoussassent le libre échange entre citoyens du même pays.

L'impôt sur le capital fixe, en dégageant la circulation de

toutes ses entraves, aboutit immédiatement aux conséquences les plus importantes.

Il y a une grosse question qui a le privilége de jeter de l'inquiétude dans les esprits, dont on fait un monstre : ce sont les rapports du capital et du travail. On les présente comme deux ennemis; on les place en antagonisme l'un en face de l'autre. L'impôt sur le capital aura l'avantage de rétablir les véritables limites de cette question.

D'abord, il n'est pas bon que les ouvriers, les pauvres, puissent se dire qu'ils font l'avance de l'impôt; que les impôts de consommation prennent une grande partie de leur salaire; ensuite, plus les impôts sur les consommations sont élevés, moins il reste d'argent disponible aux ouvriers pour satisfaire leurs autres besoins. Il en résulte une diminution de demandes pour toutes les branches de commerce. Si les classes ouvrières consomment beaucoup, elles poussent par cela même à la production ; Il y a donc là un double effet, un mouvement de va-et-vient.

Toute restriction dans la liberté de la circulation se répercute de métiers en métiers, d'industries en industries, frappe l'industriel par la diminution de la production.

La production diminuant, l'industriel est obligé de produire à un plus haut prix, et sa production est limitée d'autant. Les salaires en même temps deviennent insuffisants pour les ouvriers; mais le capital et le travail obéissent, dans leurs relations, à la loi de l'offre et de la demande. Le capital, dans ce cas, ne demandant pas le travail, et le travail s'offrant, les salaires ne sauraient être augmentés. C'est la gêne, sinon la misère, qui résulte bientôt du chômage. L'ouvrier accuse le capital, le possesseur du capital se plaint à son tour qu'il se ruine : tous les deux ont raison; mais ils n'aperçoivent pas la solidarité qui les lie l'un à l'autre. L'impôt sur le capital en serait la démonstration la plus éclatante.

Enfin, les industriels qui travaillent pour l'exportation savent, par une longue expérience, que l'étranger n'est pas du tout décidé à payer nos dettes, et que si les arrêts qui se produisent dans notre circulation nous forcent à augmenter nos frais de production et, par conséquent, le prix de nos produits, les marchés extérieurs leur sont fermés. De là, crise, chômage pour le capital et, par conséquent, pour le travail. De sorte que les impôts sur la consommation et la circulation ont pour résultat de restreindre, pour nos produits, le marché intérieur et le marché extérieur.

L'impôt sur le capital fixe, au contraire, en laissant à l'industriel toute liberté pour utiliser son outil ; en l'incitant même à en tirer le plus grand parti possible, à le faire travailler vingt-quatre heures au lieu de douze, puisque plus il en tirera d'utilité, plus l'impôt sera léger pour lui, supprimera les chômages et les crises qui en résultent.

Et nous pouvons le dire hautement, l'impôt sur le capital est le seul qui ne soit pas un arrêt pour la circulation.

XX

TROISIÈME RÈGLE. — *L'impôt ne doit jamais entraver la liberté du travail.*

Nous venons de démontrer que l'impôt sur le capital l'assure.

QUATRIÈME RÈGLE. — *L'impôt doit être unique.*

L'impôt sur le capital seul peut être un impôt unique. Etabli sur le capital total de la nation, il suffit d'en augmenter ou d'en diminuer le taux pour qu'il réponde à tous les besoins et permette tous les dégrèvements.

CINQUIÈME RÈGLE. — *L'assiette de l'impôt doit être fixe.*

Nulle assiette n'est aussi fixe que celle de l'impôt sur le capital. Si l'impôt était basé, au contraire, sur le revenu nulle assiette plus incertaine, plus variable ; et plus nous irons, plus la circulation sera rapide, plus il sera, par conséquent, difficile de déterminer cette assiette.

SIXIÈME RÈGLE. — *L'impôt doit être prélevé sur le capital total de la nation : chacun doit y contribuer au prorata de la portion du capital dont il est possesseur.*

J'ai commencé le travail par cette démonstration, je ne la répète donc pas.

SEPTIÈME RÈGLE. — *L'impôt doit être défini et non arbitraire.*

C'est là l'avantage des contributions directes et particulièrement des impôts qui ont une base fixe, comme l'impôt sur le capital.

HUITIÈME RÈGLE. — *Tout impôt doit être levé à l'époque et de la manière qui conviennent le mieux au contribuable.*

Les impôts directs seuls encore peuvent se conformer plus ou moins à cette règle. L'impôt sur le capital peut avoir un avantage: comme il ne frappe que des objets tangibles, ceux-ci présentent des garanties. Il suffirait, pour que le fisc pût faire un certain crédit au contribuable, que la loi lui concédât certaines garanties spéciales analogues à celle que les articles 20-43 du décret du 28 février 1852 donnent au Crédit foncier. Pour les objets susceptibles d'être déplacés facilement, il pourrait exiger une caution.

On le voit donc, nul système d'impôt ne se plie aussi facilement aux exigences du contribuable.

XXI

Application de l'Impôt sur le Capital

NEUVIÈME RÈGLE. — *Tout impôt doit être perçu le plus économiquement possible.*

S'il est un fait démontré, c'est que les impôts indirects coûtent beaucoup plus cher à percevoir que les impôts directs.

L'impôt sur le capital étant un impôt direct, sa perception ne saurait être plus élevée que celle des autres impôts directs.

De plus, devant devenir, dans un laps de temps plus ou moins long, un impôt unique, le service de sa perception tendrait toujours à être simplifié.

Je sais qu'on nous dit : Mais l'impôt sur le capital présentera de grandes difficultés d'évaluation.

A cela je réponds : Ces difficultés seront moins grandes, à coup sûr, que les évaluations, les revenus perçus à l'étranger, les bénéfices commerciaux, les honoraires des avocats et des médecins, et même du revenu net des propriétés foncières.

On parle sans cesse de reviser le cadastre ; mais on constate que ce travail coûtera une centaine de millions, au minimum, à établir, et qu'il faudra un certain nombre d'années avant que cette révision soit complète.

De plus, quand la révision aura été complète, ce sera un travail à refaire.

On a oublié de se demander si les difficultés que présente cette œuvre ne provenaient pas de l'assiette qu'on donne à la contribution foncière.

Comment arriver à une constatation précise du revenu net de la propriété foncière ? en prenant pour base une moyenne de quinze années du revenu net ? Mais comment fixer ce revenu net ? Comment le séparer du revenu brut ? L'individu entre pour beaucoup dans le revenu net d'une terre : entre les mains de A, la même terre aura un revenu net plus élevé que si elle était entre les mains de B. Comment pourrait-on faire cette distinction ?

On dit bien qu'on se base sur des moyennes, et que ces moyennes arrivent à une vérité relative. C'est là la qualité des moyennes, mais à une condition, c'est qu'elles soient basées sur des calculs vrais, sur des faits vérifiés ; sinon, au lieu d'arriver à une vérité relative, elles arrivent à une erreur complète.

Il n'y a pas de base pour apprécier le revenu net d'une propriété.

Les baux ? mais les baux sont faits souvent dans des conditions très-diverses. Un bail à long terme, par exemple, ne se règle pas de la même manière qu'un bail à terme rapproché. Dans l'un il y a des conditions d'améliorations, des avances et des risques de travaux qui ne se trouvent pas dans le second.

Puis, toutes les terres ne sont pas louées. Le nombre des propriétaires, en France, était de près de 9 millions en 1851, qui acquittaient plus de 14 millions de cotes foncières. Comment estimer le revenu net du petit propriétaire qui cultive lui-même? Comment le comparer avec le revenu du propriétaire qui afferme sa terre?

La plupart des publicistes, des agriculteurs, qui se sont occupés spécialement de la contribution foncière, ont constaté cette impossibilité de prendre le revenu comme base solide pour l'établir.

« Si on admet l'existence de la rente foncière, dit M. le Couppey, en revanche, il faut ajouter qu'elle est essentiellement variable, et qu'elle se refuse à toute évaluation (1). »

« La décomposition de ce qui appartient à la rente et de ce qui revient au profit n'est pas possible, dit M. Baudrillart. Comment donc s'y prendrait-on pour exhéréder le propriétaire de la part du revenu qui représente la rente, la seule qu'on pourrait se dire fondé à lui retirer (2)? »

Certains économistes et législateurs, devant cette impossibilité, sont même allés jusqu'à dire qu'il fallait s'en tenir aux inégalités qui existent actuellement. On ne pourrait faire beaucoup mieux. Autant vaut garder le mal. Cette opinion a été soutenue très-sérieusement par MM. d'Hauterive (3), Hippolyte Passy (4), Courcelle-Seneuil (5).

J.-B. Say, sans aller au fond de la question, avait entrevu la cause du mal et avait signalé le remède :

« La répartition de la contribution foncière est difficile et inégale, dit J.-B. Say, par la raison que l'équité ne veut pas qu'un terrain paye en raison de sa dimension, ni d'aucune qualité sensible, mais bien en raison de *sa valeur* (6). »

Je prends acte de cette déclaration.

En 1845, M. David, dans deux remarquables articles (7) sur le cadastre, après avoir constaté aussi l'impossibilité d'arriver à une répartition exacte de l'impôt foncier, d'après

---

(1) *De l'impôt foncier*, p. 22.

(2) *Manuel d'économie politique*, IVe part. ch. V.

(3) *Considérations sur les finances*, 1825.

(4) *Dictionnaire d'économie publique*, t. I. p. 902.

(5) *Traité d'économie politique*, 1re partie, p. 460.

(6) *Cours d'économie politique*, t. II. p. 401.

(7) *Journal des économistes*, avril et juin 1845. Publiés en brochure.

l'assiette que lui donnait la loi du 3 frimaire an VII, indiquait avec précision la seule solution qu'on peut donner à ces difficultés : « L'impôt foncier, disait-il, doit porter sur le capital, et il ne saurait s'établir sur le revenu (1).

« En bonne économie financière, le revenu paraît une base complétement fausse de l'impôt foncier. Il y a même une contradiction entre le mot impôt foncier ou direct et celui d'impôt sur le revenu. La terre est un capital dont la valeur est représentée par son prix en argent. C'est ce capital seul qui doit être imposé directement...

« Les impôts ne peuvent s'établir directement que sur la richesse acquise, sur les capitaux (2).

« L'impôt direct ne peut porter que sur les richesses acquises et non sur les revenus futurs (3).

« L'impôt foncier doit être établi directement sur le capital de la terre. Il ne peut, sans inconvénient et sans inquiéter l'industrie agricole, poursuivre le revenu. Le système fondé sur la recherche du revenu territorial ne crée pas seulement des complications et des incertitudes, il devient par la nature des choses impraticable avec quelque justice, et c'est pour être partis d'une idée fausse que nous avons éprouvé tant de mécomptes (4).

« Les actes de vente fournissent les seules règles de la répartition départementale. Ils sont la mesure vraie de la richesse territoriale, ils dénoncent son accroissement ou sa diminution (5). »

En Allemagne, dans plusieurs Etats, pour éviter les erreurs de la répartition, on a fait de l'impôt foncier un impôt de quotité, et, au lieu de le baser sur le revenu, on l'a basé sur le capital.

Cette quotité a été, par exemple, dans le pays de Bade, successivement de 1850 à 1858, de 19 ou de 21 kreutzers par 100 florins de capital. Dans quelques autres États, le sys-

(1) Page 12 de la brochure.
(2) *Id.*, p. 9.
(3) *Id.*, p. 11.
(4) *Id.*, p. 26.
(5) *Id.*, p. 27.

tème de quotité est encore plus caractérisé, en ce sens qu'il y a un *steuer-simplum*, ou unité élémentaire de taxe dont la loi règle la perception suivant un coefficient déterminé (1).

M. de Parieu approuve, du reste; il dit : « La *valeur vénale des immeubles* peut servir de mesure plus juste pour la répartition de l'impôt foncier que les autres systèmes (2). »

Sous l'ancien régime, le cadastre avait pour base le prix d'acquisition des terres (3). Seulement, selon la date de l'acquisition plus ou moins éloignée, l'appréciation était fausse. Il fallait changer cette base : au lieu de prendre le prix d'acquisition d'une seule parcelle, il fallait prendre le prix moyen et suivre le cours indiqué par ce prix moyen. Loin d'agir ainsi, on renversa tout le système et on se basa sur le revenu net.

Depuis, comme nous l'avons vu, on a proposé de baser la répartition, non sur l'évaluation du revenu net, mais sur la valeur des immeubles consacrée par les actes de vente.

Il y a là une base fixe, certaine, fixée par les hommes les plus compétents : le vendeur et l'acheteur. L'intérêt individuel répond de la justesse de l'évaluation.

De plus, c'est là un cadastre perpétuel, dont les évaluations s'établissent tous les ans par les ventes d'immeubles qui se montent à plus de 1,500 millions. Les changements de parcelles, chaque année, sont au nombre de 5,000,000. Ce sont les seuls actes de vente qui peuvent déterminer la valeur des propriétés qui n'ont qu'un revenu d'agrément : parcs, parterres, etc. Il est évident que l'article 50 (4), qui en fixe l'évaluation au taux des meilleures terres labourables de la commune, ne donne pas une mesure exacte.

Est-ce que l'enquête agricole de 1852 n'a pas été faite par des commissions cantonales qui ont déterminé la valeur du sol?

---

(1) Parieu. *Traité des impôts*, t. I, p. 262.

(2) *Id.*, t. I, p. 228.

(3) Montyon, édit. Guillaumin, p. 400.

(4) Loi du 3 frimaire an VII.

« Ce travail, dit M. Delesse, entrepris d'après une décision prise en 1851, par l'Assemblée nationale, a été fait simultanément dans toute la France pendant l'année 1852. Les nombreux agents de l'administration des contributions directes qui en ont été chargés l'ont basé sur des enquêtes spéciales qui ont eu lieu dans chaque commune, et ils ont exigé la production des baux de fermage ainsi que des *actes de vente*. De plus, les chiffres qu'ils ont trouvés dans les premières enquêtes ont été soumis à plusieurs révisions et contrôlés successivement dans les chefs-lieux de canton, d'arrondissement et de département. Le soin apporté à leur détermination était d'autant plus grand que, d'après l'Assemblée nationale, ils devaient ensuite servir de base à une répartition plus équitable de l'impôt foncier. Bien que les chiffres adoptés aient subi des variations très-notables depuis cette époque, ils méritent donc confiance ; du reste, actuellement, on ne possède pas de données plus complètes sur le revenu territorial de la France (1).

Un chemin, un canal, un chemin de fer sont ouverts dans une contrée. Aussitôt toutes les propriétés augmentent de valeur. Rien de plus légitime, à coup sûr, que d'augmenter l'impôt. Ce n'est pas le travail, l'industrie des propriétaires eux-mêmes qui en ont augmenté la valeur : ce sont les contributions de tout le pays. Il est donc juste que ces propriétés, qui doivent leur plus-value à la généralité de la nation, remettent une partie de cette plus-value à la masse nationale. On ne peut obtenir ce résultat qu'en basant l'impôt sur la valeur.

Il résulte des faits que nous avons exposés et qui sont constatés par tout le monde, que l'assiette actuelle de l'impôt foncier est mauvaise, et qu'il est absolument nécessaire de le baser, non plus sur le revenu net de la terre, mais sur la valeur vénale de la terre.

Ce vœu a encore été émis par le conseil général de l'Yonne dans sa dernière session d'août (2).

---

(1) La *Carte agricole de la France*, bulletin de la Société de géographie. Oct. 1871, p. 339.

(2) Voir *Réforme économique*, 1er octobre 1876, p. 80.

Plusieurs réformes proposées récemment ont pris pour base la substitution de la valeur vénale au revenu.

M. Mathieu-Bodet, alors qu'il était ministre, demandait, le 5 janvier 1875, une augmentation de 24 millions sur les droits d'enregistrement et proposait de « calculer les droits de mutation sur les objets mobiliers transmis par décès, sur le prix de la vente ou sur l'évaluation contenue dans les polices d'assurances. » Il ajoutait : « L'administration pourra ainsi utiliser les évaluations des polices d'assurances, évaluations qui émanent des parties elles-mêmes. »

Ainsi l'évaluation de la valeur vénale des objets mobiliers n'effrayait pas M. Mathieu-Bodet, quand il s'agissait des droits de l'enregistrement. Il la trouvait possible et facile. Mon honorable collègue ne pourrait la trouver difficile quand il s'agirait de l'impôt sur le capital.

M. Parent, aussi, a déposé un projet de loi sur l'enregistrement, et il présente l'évaluation de la valeur vénale comme un progrès sur l'évaluation actuelle.

Quand il s'agit d'objets mobiliers, de meubles, d'objets d'art, il faut tenir compte d'un sentiment humain bien naturel : qui donc serait disposé à dire ma maison n'est qu'une baraque, mes tableaux ne sont que des croûtes, tout ce que j'ai c'est du bric-à-brac !

Ainsi, qu'il s'agisse de la propriété foncière, qu'il s'agisse de la propriété mobilière, l'évaluation de la valeur vénale des choses, loin de sembler une impossibilité, constitue un progrès pour des économistes comme J.-B. Say, pour des hommes pratiques comme MM. Mathieu-Bodet et Parent.

C'est là un argument contre les impôts sur les revenus et en faveur de l'impôt sur le capital.

On voit donc que la question d'évaluation du capital fixe ne saurait présenter une grande difficulté. Elle ne serait rien en comparaison des difficultés que présentent les impôts indirects, et l'évaluation des bénéfices commerciaux et des revenus divers auxquels s'applique l'*income tax*.

XXII

Conclusion

M. Magne disait le 7 mars 1875 : « Pour apprécier un impôt, il faut le comparer aux autres. »

Rien de plus juste.

Or, je n'ai pas à discuter ici les impôts que nous subissons actuellement : tout le monde les condamne.

Il n'y a donc en présence que deux systèmes d'impôts :

L'impôt sur le revenu, ou plutôt les impôts sur les revenus ;

Et l'impôt sur le capital.

C'est entre les deux systèmes qu'il faut choisir ;

Or : Les impôts sur les revenus n'ont pas d'assiette fixe ;

Ils sont inquisitoriaux ;

Ils sont arbitraires ;

Ils troubleraient l'industrie et le commerce, loin de leur être utiles ;

Ils ne peuvent être qu'une copie de l'*income tax*, et l'*income tax*, qui ne représente pas la dix-neuvième partie des recettes du budget de l'Angleterre, est tellement impopulaire que M. C. Lewis pouvait dire que les dernières élections de la Chambre des communes s'étaient faites contre cet impôt (1).

Faut-il donc, en France, sous prétexte de progrès, que nous prenions un impôt que repousse l'Angleterre ?

D'un autre côté, l'impôt sur le capital fixe n'est pas inquisitorial ;

Il a une assiette fixe, facile à établir ;

Il assure la liberté de la circulation ;

Il assure la liberté du travail ;

---

(1) *Times* du 10 février 1875.

Il est un instrument de progrès dans la production ;

Il aide à la solution des questions touchant les rapports du capital et du travail.

Je voudrais, Messieurs et chers collègues, vous faire partager la conviction qui m'anime, que m'a inspirée une longue et active carrière industrielle et commerciale, qu'ont fortifiée toutes mes études théoriques, toutes mes expériences pratiques.

Je le voudrais, Messieurs et chers collègues, car il y a là pour moi une question de patriotisme.

Il en est d'une nation qui prend l'avance sur les autres comme d'une maison de commerce : il faut de grands efforts à ses concurrents pour arriver à regagner la distance perdue. La cause de la prospérité de l'Angleterre, c'est qu'elle n'a jamais hésité, quand un système lui a semblé bon, à l'adopter, sans s'inquiéter si les autres peuples la suivraient. Le *Cobden-Club* rappelait, l'année dernière, avec orgueil, que les réformes qui précédèrent et suivirent le Retrait des lois sur les céréales furent accomplies sans que le gouvernement anglais tentât de s'assurer la coopération des pays étrangers, pensant qu'ils profiteraient de l'expérience que leur présenterait le grand développement donné au commerce d'exportation de la Grande-Bretagne, par la suppression de ses droits sur les importations (1). Eh bien, Messieurs, ici la question est plus simple. Il ne s'agit pas d'ouvrir nos frontières à des produits de pays étrangers qui pourraient fermer les leurs aux nôtres. Il s'agit tout simplement de supprimer nos douanes intérieures, de supprimer les obstacles qui frappent la circulation de nos matières premières et de nos produits, d'établir la liberté de l'outil, sans laquelle il n'y a pas réellement de liberté du travail, de donner pour corollaire au libre échange à l'extérieur le libre échange à l'intérieur ! Pourquoi hésiterions-nous à faire une tentative, une expérience qui, si elle échouait, ne saurait compromettre aucun intérêt et qui, si

(1) *Le libre échange et les traités de commerce européens*, publication du *Cobden-Club*, p. 5, 1875.

elle réussissait, serait d'un si grand secours pour notre action productive? Le pays compte sur nous, il veut une République réformatrice. Notre idéal ne doit pas être de copier ce qui s'est fait chez nos voisins, d'une manière plus ou moins empirique ; il s'agit de faire mieux, en adoptant un impôt reposant réellement sur des bases scientifiques.

MENIER,

Manufacturier, député de Seine-et-Marne
Membre de la Commission du budget.

Noisiel, 5 octobre 1876.

APPENDICE

Moyens de transition

Quant aux moyens de transition permettant, sans apporter aucun trouble dans nos finances, de faire un premier inventaire de la fortune de la France et l'expérience de l'impôt sur le capital, je les ai exposés dans une proposition tendant à modifier l'article 3 du projet de budget de 1877.

Je le remets sous vos yeux pour vous prouver que rien n'est plus simple que l'application graduelle, sans secousses, de l'impôt sur le capital fixe.

10 mai 1876.

Messieurs,

I

L'article 3 du projet de loi portant fixation du budget général des dépenses et des recettes de 1877, est ainsi conçu :

« Continuera d'être faite pour 1877, au profit de l'Etat, conformément aux lois existantes, la perception des divers droits, produits et revenus énoncés dans le premier paragraphe de l'état D, annexé à la présente loi. »

J'ai l'honneur de vous proposer, Messieurs, la suppression de plusieurs de ces droits et leur remplacement par un impôt équivalent sur le capital fixe.

Voici les motifs de cette proposition :

II

L'impôt sur le capital repose sur le principe suivant : laisser toute liberté au produit, en ne le frappant jamais avant qu'il soit immobilisé. C'est le principe même du libre échange.

L'impôt sur le capital, que je propose, c'est le libre échange à l'intérieur.

Il y a deux sortes de capitaux, les capitaux fixes et les capitaux circulants.

Les capitaux fixes sont ceux dont le produit ne détruit pas l'identité : ce sont les instruments du produit ou les produits immobilisés. Les capitaux circulants sont ceux au contraire dont le produit détruit l'identité.

Voici l'énumération des capitaux fixes : sol, mines, constructions, machines, outillages, navires, voitures, animaux servant à l'exploitation, ustensiles de ménage, meubles, objets d'art.

Les capitaux circulants sont : les matières premières, les marchandises destinées au commerce et la monnaie.

C'est sur les capitaux fixes que doit reposer l'impôt, jamais sur les capitaux circulants. En frappant les capitaux fixes, vous assurez la liberté de leur production. Mieux leur possesseur en tirera parti, moins la charge de l'impôt sera lourde pour lui. Toute augmentation de la production sera, par rapport à lui, équivalente à un dégrèvement d'impôt. La répercussion se produisant sur un plus grand nombre de produits, chacun de ces produits en subira une moindre part ; et le producteur pourra ainsi diminuer ses prix et, par conséquent, augmenter ses débouchés. La production est en raison géométrique de la rapidité de la circulation.

C'est sur ces quelques points que repose toute la théorie de l'impôt sur le capital.

III

Quant à son application, rien de plus facile. La valeur des capitaux fixes est réglée par la loi de l'offre et de la demande. La valeur des immeubles est connue dans chaque lieu. Quant à la valeur des meubles, les compagnies d'assurances savent parfaitement la déterminer.

L'inventaire complet de la fortune de la France n'a jamais été fait : cependant, il y a des bases d'appréciations qui permettent d'estimer qu'elle ne monte pas à moins de 150 milliards.

Depuis la guerre, le territoire de la France comprend 52,857,675 hectares. Sur ces 52.857.675 hectares 44.934.732, consacrés à la culture, ont eu un prix moyen qui était, en 1789, de 500 fr.; en 1815, de 700 fr.; en 1851, de 1.290 fr.; en 1862, de 1.850 fr.; en 1874, de 2,000 fr. (1) : soit 89.869.464.000 fr.

Dans ces 44.934.832 hectares, ne sont pas compris les terrains consacrés aux textiles, les bois et forêts appartenant aux particuliers (enquête de 1862), ni les terrains des villes. Or, si quelques-uns de ces terrains n'ont pas une grande valeur, il y en a d'autres, comme les 7.802 hectares représentant la superficie de Paris, qui ont une valeur de plusieurs milliards. (2) On ne pourra donc pas nous taxer d'exagération si, estimant ces 7.922.000 hectares à 1.000 fr. l'un en moyenne, nous portons à 100 milliards le chiffre de la valeur vénale du sol en France.

Restent encore, d'après le recensement de 1872 : 7.704.093 maisons consacrées à l'habitation, dont l'estimation n'a pas été faite. Restent encore les mines, les ateliers, les usines, les manufactures, les magasins, les hangars, les navires, les voitures, les animaux servant à l'exploitation, les ustensiles de ménage, les objets d'art. C'est de tous ces objets qu'il faut faire un inventaire, et l'essai de l'impôt sur le capital, que je propose, permettra d'en fixer la valeur.

En tous cas, cet essai ne présente aucun risque. Il est probable que les résultats dépasseront les prévisions, que l'on trouvera une valeur de plus de 150 milliards, rapportant, au taux de 1 pour 1,000, une somme de 150 millions. — Mais afin d'agir avec prudence, afin d'être assuré qu'il n'y aura pas de déficit dans l'équilibre du budget, je propose, comme premier essai, la suppression des impôts suivants :

Allumettes..........................Fr.	16.030.000
Chicorée	5.132.000
Papier.................................	12.177.000
Huiles minérales.......................	242.000
Huiles	5.818.000
Savons	5.741.000
Bougies................................	6.497.000
Droits de contribution de vinaigres.......	2.552.000
Petite vitesse	22.546.000
Droits de navigation...................	4.715.000
	81.453.000
Réduction de 1/2 de la taxe des sels (douanes et contributions indirectes)....	19.118.000
Total	100.571.000

(1) Ces chiffres sont ceux de M. de Foville, variations des prix en France, Extraits publiés par l'*Economiste français*, 1874, p. 608. L'Académie des sciences morales et politiques a décerné à ce travail le prix du concours de 1874.

(2) D'après un travail, fait avec le plus grand soin, basé sur les actes de vente accomplis, de 1800 à 1869, la valeur du sol à Paris, non comprises les constructions, sans compter les rues, les boulevards, les places, les monuments publics, soit 6.289 hectares au lieu de 7.802, est de dix milliards quatre cents millions. (Voir la *Réforme économique*, 15 juillet 1876, p. 210.

L'évaluation de ces impôts monte à 100 millions. Puisque la valeur vénale de la propriété foncière seule dépasse de beaucoup cette somme, on peut être sûr qu'un impôt sur le capital, au taux de 1 pour 1,000 ; 10 fr. pour 10,000 fr.; 100 fr. pour 100,000 fr., se soldera par une plus-value. Dans ce cas, on procédera immédiatement à la suppression progressive ou à la réduction des autres impôts indirects.

Quant aux moyens d'application, comme il s'agit pour ce premier essai de faire un inventaire approximatif de la fortune de la France et d'agir rapidement, je me borne à demander tout simplement que les contributions directes, telles qu'elles sont organisées actuellement, accomplissent ce travail. Plus tard, l'expérience indiquera quelles modifications il faudra apporter dans les procédés d'évaluation de manière à laisser toute garantie au contribuable (1).

PROJET DE LOI

Art. 1er. — Sont supprimés les droits sur les allumettes, la chicorée, le papier, les huiles minérales, les droits d'entrée sur les huiles autres que les huiles minérales, les droits sur les savons, la stéarine et la bougie, les droits de consommation des vinaigres et de l'acide acétique, les droits de 5 0/0 sur les transports par chemins de fer en petite vitesse, les droits de navigation; sont réduites de 1/2 : la taxe de consommation des sels perçue dans le rayon des douanes et la taxe de consommation perçue hors du rayon des douanes. (Art. 3, état D.)

Art. 2. — Ces droits sont remplacés par une taxe au taux de 1 pour 1,000, sur la valeur vénale des capitaux fixes possédés en France.

Art. 3. — Sont capitaux fixes toutes les utilités dont le produit ne détruit pas l'identité, c'est-à-dire le sol, les mines, les constructions, les machines, les outillages, les navires, les voitures, les animaux servant à l'exploitation, les ustensiles de ménage, les meubles, les objets d'art, lorsqu'ils ne seront pas à l'état de marchandises destinées au commerce.

Art. 4. — L'évaluation des capitaux fixes possédés sur le territoire de chaque commune sera faite par le contrôleur des contributions directes. Il sera assisté de deux délégués désignés par le

(1) Dans mon livre : *Théorie et application de l'impôt sur le capital*, j'ai indiqué un système plus complet que celui que je propose ici.

conseil municipal. Dans les villes formant plusieurs cantons, le conseil municipal désignera deux délégués par canton. Ces commissions auront le droit de s'adjoindre des experts.

Art. 5. — Pour l'évaluation des objets mobiliers, quand leur propriétaire sera assuré, la police d'assurance servira de base d'appréciation.

Art. 6. — Pour les propriétés foncières, les contrôleurs des contributions directes emploieront le cadastre, tel qu'il est établi actuellement, en remplaçant l'évaluation du revenu par l'évaluation réelle de la valeur vénale, basée sur les actes de vente accomplis dans le pays au cours des quatre dernières années et sur tous autres documents analogues.

Art. 7. — Les réclamations en décharge ou réductions seront remises aux maires : elles seront présentées, instruites et jugées dans les formes et délais prescrits pour les autres contributions directes.

Les rôles seront arrêtés par le préfet à la fin de l'année.

Art. 8. — Toutes les autres règles communes aux contributions directes sont applicables à l'impôt sur le capital.

MENIER.

TABLE DES MATIÈRES

Paris. — Imp. Dubuisson et Ce, rue Coq-Héron, 5.

www.ingramcontent.com/pod-product-compliance
Ingram Content Group UK Ltd.
Pitfield, Milton Keynes, MK11 3LW, UK
UKHW020308220726
13923UKWH00003B/1027